LA MÉTHODE ABC DE FAIRE DE L'ARGENT

Des stratégies agréables à l'intention des personnes ordinaires visant à créer une fortune extraordinaire

Dr Denis L. Cauvier
Alan Lysaght

Singapore   London   New York   Toronto   Sydney   Vancouver   Malta
Paris   Johannesburg   Manilla   Hong Kong   Los Angeles

Titre original : The ABCs of Making Money
Traduit de l'anglais par Communications St-Germain

Publié en 2003 par
Wealth Solutions Presss
Turks & Caicos, W.I.

Imprimé aux États-Unis

5   4   3   2   1
06   05   04   03

ISBN

Le présent livre est dédié en partie à

Debbie

Une source d'énergie,

Une amie extrêmement loyale,

Une critique avertie et sensible,

Une mère tendre et aimante,

Une épouse exemplaire.

TABLE DES MATIÈRES

Nota : Dans le présent livre, les mots de genre masculin appliqués aux personnes désignent les hommes et les femmes.

REMERCIEMENTS

Denis : Tant de personnes à remercier, tant d'amis, de mentors, de collègues, de fournisseurs et de clients. D'abord et avant tout, je dois souligner le dévouement dont ont fait preuve les trois femmes de ma vie alors que je me préoccupais de la recherche et de la rédaction du présent livre. Debbie, Sam et Stevie, je vous aime pour toujours, je vous aime pour la vie. Je remercie spécialement un de mes mentors, Bill Gibson, qui a toujours été présent.

Alan : Je remercie M. G. Lysaght, Lynn, Chrissy et Rachel qui ont tous été une inspiration lors de la rédaction du présent livre.

Nous voulons aussi remercier les centaines de millionnaires, fils de leurs œuvres, qui ont manifestement partagé leurs expériences et leurs conseils.

Nous sommes tous deux très reconnaissants envers l'équipe Prentice Hall Singapore, une équipe extraordinaire dont l'aide avec le volet asiatique du présent livre a été fort appréciée. Un merci tout spécial s'adresse à l'équipe de marketing qui, en un temps record, a réussi à en faire un best-seller.

Nous désirons remercier Cameron Fraser pour la réalisation graphique de la couverture de l'édition américaine.

Merci aussi à la chaîne Sandals Resorts Chain, qui nous a permis de mener nos séances d'écriture dans une ambiance détendue et confortable.

Tout au long de nos voyages, bon nombre de personnes, riches et pauvres, ont partagé leurs expériences de vie avec nous. Il nous a été possible d'en aider quelques-unes, et d'autres ont fourni d'importantes leçons qui se sont avérées utiles au présent livre. Nous les remercions tous.

Lors de séminaires, nous avons eu l'occasion de rencontrer des personnes exceptionnelles, trop nombreuses pour en faire mention, dont certaines nous ont fait part de bons exemples et ont mis en lumière des domaines financiers problématiques connexes qui méritent d'être examinées. Leur appui a été indispensable et le présent livre est plus vigoureux en raison de leur participation. Elles se reconnaîtront.

INTRODUCTION

La clé de la fortune n'est ni mystérieuse ni secrète. Compte tenu de son importance dans nos vies, le peu de temps que nous consacrons à la découvrir est fort étonnant. Nous réussissons tous à apprendre au moins une langue ; bon nombre de personnes apprennent à utiliser des choses compliquées telles que les ordinateurs ou les voitures. Si vous êtes en mesure d'apprendre des choses pareilles, vous pouvez apprendre à faire fortune.

La plupart des personnes ne tirent pas profit de leurs habiletés et de leurs compétences. Notre entreprise d'experts-conseils nous a donné l'occasion de rencontrer plusieurs personnes qui consacrent tout leur temps et toutes leurs énergies à des emplois quotidiens, et qui, au moment de la retraite, vivent sous le seuil de la pauvreté. Toutefois, ces personnes tentent passionnément de découvrir une manière de s'enrichir. C'est à nous d'aider les gens à reconnaître leurs talents et à réussir financièrement. Des propositions visant à mettre de l'ordre dans les vies financières ou à ouvrir l'esprit des gens afin qu'ils puissent réaménager leur entreprise de manière à tirer profit des biens déjà existants, voilà notre rôle et la raison pour laquelle nous avons écrit ce livre.

Nous présentons deux démarches pour faire fortune. La première est plutôt conservatrice, se réalise au fil du temps, essentiellement sans peine et pourrait même être amusante. Pour y arriver, nous vous guiderons d'une étape à l'autre vers une perception nouvelle de l'enrichissement, nous vous apprendrons à bien évaluer votre situation actuelle et à mieux organiser votre vie financière à long terme. Comme plusieurs croient que les questions financières sont terrifiantes et mystérieuses, nous procéderons lentement, simplement et sans heurts. Si vous suivez les étapes, vous deviendrez essentiellement plus riche au fil du temps. Lorsque vous aurez acquis une plus grande indépendance financière et un niveau de confiance plus élevé, vous choisirez peut-être d'appliquer certaines idées présentées à la dernière partie - la section C - et de vivre la vie que vivent les personnes riches et célèbres.

La deuxième démarche, présentée à la section C, est plus agressive. Le chemin de la fortune est beaucoup plus court et exige que vous ayez l'estomac bien accroché. La première étape vise à ce que vous appréciiez vos biens actuels. Puis, nous vous montrons plus particulièrement, par le biais de narrations fiables, comment faire fortune en pratiquant ce que vous aimez. Si vous êtes impatient et que vous voulez « toucher l'or » immédiatement, vous pouvez passer directement à la section C et démarrer, cependant nous vous recommandons de lire les deux premières sections afin de connaître les secrets qui vous permettront de garder votre fortune un fois que vous l'aurez acquise.

Si, après lecture du présent livre vous n'y retirez qu'une seule leçon, vous récupérerez au moins 100 fois le coût du livre, et si vous portez la moindre attention aux leçons qui y sont présentées, votre mode de vie sera bouleversé, vous gagnerez des milliers de dollars que vous n'auriez pas eu l'occasion de gagner et votre avenir ainsi que celui de vos proches n'en sera qu'amélioré. De plus, si vous mettez vigoureusement à profit le matériel présenté ci-après, et que vous êtes prêt à travailler quelque peu, vous ferez fortune assez rapidement.

Le livre n'offre aucun stratagème frauduleux visant à vous enrichir rapidement ; tout est absolument légal. Les démarches proposées ne contournent nullement les lois fiscales. Au contraire, vous apprendrez à les utiliser à votre avantage plutôt que de toujours payer les autorités fiscales. Les stratégies présentées sont connues, ce sont des stratégies que nous avons utilisées et desquelles nous avons tiré des leçons depuis bon nombre d'années.

Les recherches effectuées pendant des décennies et le vécu des millionnaires fils de leurs œuvres, nous ont permis de connaître les trucs visant à accumuler une fortune. Nous avons tenu des séances de consultation individuelles, en couples, avec des groupes lors de programmes de formation, à l'intérieur de séminaires d'une demi-journée et de journées de réflexion multiples. Nous avons aussi offert des solutions stratégiques à des équipes de cadres supérieurs afin de créer des avantages concurrentiels et de plus importantes recettes. Au fil des années, certains thèmes et certaines leçons réapparaissent ; ils sont logiques et ils ne sont pas sorciers, ce sont les principes sur lesquels le présent livre est fondé.

NOUS POUVONS TOUS ÊTRE RICHES

L'économie sans frein de la dernière décennie, dans la plupart des régions du globe, a fait naître plus de millionnaires fils de leurs œuvres qu'à toute autre époque de l'histoire. Par suite d'une recherche approfondie et de plusieurs entrevues, nous avons été étonnés d'apprendre que très peu de personnes dans ce groupe privilégié ne s'étaient adonnées à des études financières sérieuses de type classique ou autres. Un plus petit nombre avaient hérité leur fortune et moins encore avaient « gagné » fortune à la loterie ou par un « heureux hasard ».

En d'autres mots, le profil de ce groupe est très semblable à celui de la moyenne. Ces personnes n'ont pas de talent extraordinaire et ne sont pas différentes. En fait, elles font simplement des choix astucieux et éclairés en matière d'argent et, plus important encore, elles ont confiance en elles.

Le présent livre vise à vous montrer d'abord que vous pouvez réellement vous enrichir si vous adoptez une bonne attitude. Puis, il vous indiquera très clairement les méthodes éprouvées qu'utilisent tous les riches pour conserver leur fortune.

Voulez-vous vraiment vous enrichir? Savez-vous ce que vous feriez si vous aviez réussi à faire fortune? Comme vous pourrez en conclure à la lecture du présent livre, les étapes techniques sont curieusement simples. En réalité, lorsque l'on veut s'enrichir, l'attitude est l'un des plus grands obstacles.

Avez-vous déjà dit : « Je ne suis pas habile en matière de finances », « Je vis au jour le jour, il n'est pas question de commencer un plan d'épargne » ou « Le domaine de l'investissement est trop complexe. Je tenterai de le comprendre quand je serai plus âgé ». Bien des personnes croient que le domaine financier est trop peu clair pour y réfléchir et espèrent qu'un jour, si elles continuent à avancer dans la hiérarchie de la société, tout s'arrangera. Cela est faux. Selon les statistiques, vous vivrez probablement sous le seuil de la pauvreté lors de votre retraite. Sachez que des millions de personnes vivent la même situation.

La plupart des livres financiers que nous avons lus s'adressent aux personnes qui ont d'importants acquis financiers. *LA MÉTHODE ABC de faire de l'argent... ou l'art de faire de l'argent* s'adresse aux personnes qui n'ont aucun bagage financier, qui savent ce qu'elles veulent et qui sont prêtes à poser le premier pas vers une indépendance financière.

Une fois que vous aurez lu le présent livre, vous en tirerez trois grandes leçons. La première vous apprendra à gérer plus efficacement l'argent que vous gagnez actuellement. La deuxième vous permettra de réaliser que, bien que vous ne puissiez pas lire les rapports financiers, vous pouvez investir dans le marché boursier de façon rentable, et la troisième vous apprendra que vous pouvez être à la fois riche et heureux si vous poursuivez votre passion et que vous faites ce que vous avez toujours rêvé de faire.

À la lecture du chapitre 1, vous constaterez qu'une attitude négative par rapport à la fortune est l'unique et le plus sérieux obstacle vous empêchant d'y arriver. Bon nombre de personnes croient que seuls les autres peuvent s'enrichir. Cette pensée est erronée. Cependant, si vous croyez qu'il vous est impossible de l'obtenir, vous ne l'obtiendrez pas! Cela paraît simple, mais pour arriver à quoi que ce soit, y compris accumuler de l'argent, vous devez vraiment avoir confiance en vous, sans quoi votre réussite ne sera que partielle. Cette pensée n'est pas seulement une accroche du nouvel-âge. Une attitude gagnante est une condition préalable de toute réussite humaine. Les entreprises les plus réussies ont appris à embaucher uniquement des personnes qui ont une attitude gagnante. Si vous voulez vivre une relation personnelle réussie, les deux partenaires doivent avoir une attitude gagnante. Vous avez peut-être aussi remarqué que les personnes les plus en santé ont tendance à avoir une attitude plus positive. Une stratégie positive entraîne souvent des résultats extraordinaires. Voilà pourquoi nous entamons le présent livre en examinant notre attitude et en vous offrant des démarches pour la modifier. Le chapitre 1 citera des exemples de personnes qui, après avoir changé d'attitude, ont réussi. Les stratégies visant à s'enrichir ou à générer de l'argent, présentées dans les sections B et C, sont des outils utiles éprouvés qui vous permettront de réaliser le mode de vie dont vous rêvez.

Tout au long du présent livre, vous découvrirez plusieurs stratégies faciles vous permettant d'épargner de l'argent. Des directives simples vous apprendront, étape par étape, à repositionner votre hypothèque, à consolider vos dettes de cartes de crédit et à réaliser combien une économie d'aussi peu que 25 $* à chaque semaine peut foncièrement changer votre vie économique en quelques années. En outre, soyez assuré qu'il ne vous est pas nécessaire de vivre en pauvreté pour économiser des milliers de dollars.

Vous pensez peut-être que tout ce discours relatif à la création d'une fortune est intéressant mais vous direz : « Je suis présentement occupé et je m'attarderai à tous ces enjeux financiers un peu plus tard ». Avez-vous pensé que 8 % des Américains qui prennent leur retraite à l'âge de 65 ans vivent au-dessus du seuil de pauvreté! Seulement 2 à 4 % des personnes à la retraite jouissent du même mode de vie dont elles jouissaient lorsqu'elles travaillaient.

* Les montants mentionnés dans le présent livre sont en argent canadien.

> La pauvreté est une maladie de l'esprit non informé.
> Elle est dégradante, déshumanisante et cancérogène.
> [Traduction]
>
> - Mark Victor Hansen,
>
> Auteur de *Chicken Soup For The Soul*

Trop de personnes souffrent en raison de pressions financière. Incapables d'adopter un style de vie convenable au moment de leur retraite, elles subissent un stress occasionné par le fardeau des dettes et visionnent en vain une série d'annonces mettant en lumière les articles qu'elles ne peuvent se procurer. Trop de personnes doivent se tourner vers leurs enfants et énoncer : « Ce sera peut-être possible l'an prochain », car ils ont l'impression que peu importe leurs efforts, le tourbillon de désespoir financier ne leur permettra jamais de s'en sortir.

Comme cette situation n'est manifestement pas acceptable, nous avons effectué une étude et avons constaté ce qui motive des statistiques aussi tristes. La planification financière n'a jamais effleuré l'esprit de la plupart des personnes faisant l'objet de l'étude. D'autres ont affirmé qu'elles « remettaient tout simplement au lendemain ». Certaines ont admis qu'elles étaient incapables de reporter la « gratification immédiate », tandis que les autres affirmaient n'avoir aucune perspective à long terme.

Le temps, voilà la solution simple et peu coûteuse pour régler ce problème. Il semble que les gens se préoccupent davantage d'épargnes lorsqu'ils approchent de leur 65e anniversaire. Malheureusement, à ce moment, il leur reste peu de temps pour faire fortune. L'exemple qui suit démontre l'importance du facteur temps par rapport à vos économies. Si, à 55 ans vous déposez 100 $ par mois dans un compte d'épargne (présumant que vous jouissez d'un rendement moyen de huit pour cent d'intérêt), vous aurez accumulé 18 417 $ au moment de votre retraite. Si vous aviez lancé votre plan d'épargne seulement 10 ans plus tôt, soit à 45 ans, vous auriez 59 295 $ au moment de recevoir votre « montre en or ». Un plan d'épargne mis en place à l'âge de 35 ans rapporterait 149 036 $, et si vous aviez été assez astucieux pour mettre en place le plan à 25 ans, vous auriez 349 101 $ à votre retraite, au moment où cela vous est réellement utile. Le chapitre qui porte sur l'investissement vous apprendra à passer à la prochaine étape de cette stratégie de façon à ce que ce petit coussin augmente à un million de dollars! Évidemment, plus vite vous prenez les commandes de votre destinée financière, plus grande sera votre réussite. L'achat du présent livre marque la première étape et la plus géniale de votre démarche vers la fortune. Si vous traitez l'information fournie dans le présent livre de façon sérieuse, il est probable que vous jouissiez d'une vie de pacha à votre retraite.

Plusieurs personnes croient qu'elles ne peuvent s'enrichir parce qu'elles ne sont pas assez « intelligentes », ne sont pas scolarisées, ne sont pas titulaires d'un diplôme en affaires ou n'ont pas de formation en marketing, et elles abandonnent. En fait, nous jouissons tous d'une merveilleuse formation en marketing. Les revues et les émissions de télévision nous accablent constamment d'images nous incitant à consommer, et nous reconnaissons d'emblée les publicités efficaces. Nous voulons préciser que, sans avoir reçu de formation, d'enseignement ou suivi des cours, vous pouvez prendre des mesures simples qui vous permettront de goûter à une plus grande réussite et, si vous y mettez l'effort, de faire fortune.

L'adulte moyen par opposition au brasseur d'affaires

L'adulte moyen	Le brasseur d'affaires (BA)	Résultats du BA en 30 ans
Ne peut épargner	Investit 50 $ par semaine dans des fonds communs de placement	Économise 494 721,62 $
Effectue un versement mensuel minimum sur une hypothèque de 250 000 $ sur 30 ans à 7,5 % d'intérêt	Effectue un versement mensuel supplémentaire de 268 $ sur l'hypothèque	Économise 143 086,80 $ et 10 ans de paiements
Effectue le versement minimum sur les cartes de crédit (solde moyen de 1 000 $)	Rembourse les cartes de crédit à chaque mois	7 525 $
Achète un nouveau costume avec le boni imprévu de 500 $	Investit le boni dans des fonds communs de placement à 10 %	82 247,01 $
Dépense 10 $ au restaurant deux fois par semaine	Une sortie au restaurant par semaine (investit le montant épargné à 10 %)	98 944,33 $

Consomme un paquet de cigarettes par jour	Abandonne le tabac (investit le montant épargné à 10 %)	247 360,82 $
Renouvelle les polices d'assurance systématiquement	Fait le tour du marché pour obtenir le meilleur prix en assurance-vie, auto ou habitation	Économise 8 200 $
Paye des frais de retard sur les factures	Paye les factures à temps	Économise 3 700 $
Ignore les suggestions visant à réduire les coûts de chauffage et d'air climatisé (en isolant la maison)	Isole la maison, éteint les lampes inutiles, installe des thermostats, un appareil de chauffage à bon rendement	Économise 8 891 $
Achète des vêtements à prix régulier	Achète des vêtements en solde (solde de présaison ou de fin de saison)	Économise 4 854 $

Montant total des épargnes	1 099 530,50 $
Plus-value de la maison libre d'hypothèque (présumant une plus-value de 1,5 % par année)	435 283,61 $
Valeur nette	1 534 814,10 $

Malgré le fait que vous optiez d'adopter uniquement un ou deux de ces changements, qui sont décrits plus en détail dans les chapitres qui suivent, vous aurez considérablement amélioré votre situation actuelle.

La plupart des personnes sont heureuses lorsqu'elles réussissent à équilibrer leur budget à tous les mois. Elles paient le montant mensuel minimum sur l'hypothèque et les cartes de crédit qui affichent toujours un solde créditeur. Ces personnes méritent de visiter l'opulent siège social de leur banque ou des sociétés de cartes de crédit. Après tout, elles paient pour elles à tous les mois. Pourquoi ne prendraient-elles pas leur part de l'excédent des sociétés et le mettre dans leur poche? Cela est possible, c'est légal et assez facile. Pourquoi alors n'y a-t-il pas plus de gens qui en profitent? Plusieurs sont craintifs, et disent : « Cela est trop complexe » et « Je ne suis pas au courant de trucs de ce genre ».

Nous désirons vous apprendre à ne pas avoir peur. Les banques ne sont pas plus intelligentes que vous, mais elles ne vous disent pas tout lorsque, par exemple, vous empruntez sur hypothèque. Une hypothèque de 250 000 $ répartie sur 25 ans à 7,5 % d'intérêt vous coûte 298 517 (en plus du financement de 250 000 $). En effectuant des paiements hebdomadaires plutôt que mensuels, vous réduirez vos coûts de près de 100 000 $ (96 971 $). De cette manière, vous mettez les économies dans vos poches et mieux encore, vous les investissez et laissez la banque vous enrichir. Seriez-vous prêts à le faire si nous vous guidions d'une étape élémentaire à une autre? Bien entendu. Si vous respectez ces stratégies, dans un an vous vous demanderez pourquoi vous ne l'avez pas fait plus tôt.

> **La définition de la fortune selon Denis et Alan :**
>
> **Posséder ce que vous désirez, et désirer ce que vous possédez.**

Nous n'avons pas réinventé la roue ni dévoilé de secrets. Nous vous présentons tout bonnement des vérités fondamentales qui, malheureusement, sont inconnues de bon nombre de personnes. Si vous n'êtes pas riche et désirez l'être, nous vous apprendrons à changer votre vie. Il s'agit d'y mettre un peu d'effort.

Bien que vous suiviez les étapes énumérées dans le présent livre et que vous consultiez les ressources dans notre site Web à l'adresse www.abcsofmakingmoney.com, nous ne pouvons vous garantir que vous serez millionnaire d'ici un an, car chacun avance à son rythme et certains gagneront du terrain plus rapidement que d'autres. Cependant, pouvons-nous vous garantir que vous serez essentiellement plus riche dans un an? *Absolument!* Continuez la lecture.

Note à l'intention des lecteurs ailleurs qu'en Amériques : Dans le présent livre nous faisons souvent référence aux « CIR ». Cela correspond essentiellement aux Régimes d'épargne retraite (REER).

Première section I

Attitudes pour faire fortune

1

VOTRE ATTITUDE ENVERS LA FORTUNE PEUT VOUS COÛTER DES MILLIONS DE DOLLARS OU VOUS CRÉER DES MILLIONS DE DOLLARS

Méritez-vous de faire fortune? Cette question peut sembler farfelue, mais bon nombre de personnes hésitent à y répondre. Une attitude négative envers la fortune, ou envers tout autre aspect de la vie, représente l'unique et le plus sérieux obstacle vous empêchant d'y arriver. Si, fondamentalement, vous ne croyez pas à la réussite, vous n'y arriverez jamais. Aussi simple que cela puisse sembler, aussi puissant est son effet. Voilà pourquoi le présent livre examine d'abord les attitudes entretenues par rapport à la richesse, puis les moyens de les corriger. Nous ne pouvons y jurer, mais il est possible que ce soit la raison pour laquelle l'alphabet commence avec la lettre A. Par ailleurs, à la lecture du présent chapitre, vous découvrirez que le principe d'apprentissage est le même que celui qui nous a permis d'apprendre l'alphabet lorsque nous étions enfant. Une personne doit saisir le sens de A avant de procéder à B et à C.

Si vous choisissez les stratégies visant à épargner ou à générer de l'argent présentées aux sections B et C, vous serez sur la voie de la fortune. En évitant d'examiner et, au besoin, de corriger votre attitude envers la fortune, votre démarche sera semblable à une promenade en vélo avec la chaîne en dehors du pignon. La friction à elle seule finira par vous faire avancer, mais jamais aussi rapidement et avec autant d'efficacité que si vos croyances et votre attitude étaient alignées et synchronisées. Le fait d'identifier et d'écarter toute problématique dans ce domaine vous permettra de plus facilement réaliser les autres stratégies avec succès.

> Tôt ou tard, les personnes gagnantes sont les personnes qui y croient. [Traduction]
>
> — Richard Back,
> auteur de *Jonathan Livingston Seagull*

Bon nombre de personnes prennent la décision de s'entraîner ou de cesser de fumer et abandonnent après quelques jours. La décision était-elle mauvaise ? Non. Malheureusement, leur attitude ne soutenait pas leur décision. Tant que vous n'êtes pas entièrement engagé à l'idée d'abandonner le tabac, vous êtes voué à l'échec. Ainsi, des milliers de machines à ramer et des tapis roulants amassent de la poussière dans les sous-sols pour la même raison. Il faut donc s'engager pour s'enrichir. Ce n'est pas aussi difficile que de cesser de fumer ou de s'entraîner trois fois semaine, mais vous devez vous concentrer. Voilà pourquoi nous portons une attention particulière à l'examen de votre attitude envers la fortune. Nous ne voulons pas que le présent livre traîne au sous-sol près d'un appareil d'exercice. La vie est trop courte, pourquoi ne pas en jouir dans un siège de luxe?

Quelles pensées viennent immédiatement à l'esprit lorsque vous pensez aux mots *richesse* et *argent*? Ces pensées sont-elle toutes positives?

Veuillez inscrire ci-après les cinq premières convictions liées à l'argent et à la richesse qui vous viennent à l'esprit.

_____

_____

_____

Avez-vous déjà entendu les expressions suivantes pour décrire des attitudes relatives à l'argent et à la richesse?

- L'argent ne pousse pas dans les arbres.
- L'argent ne fait pas le bonheur.
- Si vous êtes riche, vous devez être égoïste.
- L'argent est la racine de tous les maux.
- Chacun doit payer l'écot.
- Les gens riches sont malheureux.
- L'argent empoisonne.
- Il faut beaucoup d'argent pour faire fortune.
- Les gens riches n'ont jamais d'amis.
- Il faut être né d'une famille riche.

De ces expressions, combien sont négatives? Voici une différente perspective. Lorsque vous débattez la question avec un agrumiculteur, il vous dira que bien au contraire, l'argent pousse dans les arbres, et l'industrie du papier serait du même avis. Jetez un coup d'œil dans votre porte-monnaie, la monnaie de papier provient des arbres.

Le mythe du malheureux milliardaire nous a été répété maintes fois alors que nous voyagions partout au monde, notamment : « l'argent ne fait pas le bonheur ». Cela est vrai en partie, mais il est certainement possible de louer le bonheur pour une soirée – un bon film par exemple. Contrairement à l'opinion généralement reçue, il n'est pas nécessaire d'avoir beaucoup d'argent pour faire fortune. Prenez par exemple le coût minime du présent livre, ajoutez-y un peu de discipline personnelle et de créativité, et vous ferez fortune.

Le genre d'expressions précitées ne servira qu'à freiner votre démarche vers la fortune. Examinez la liste de vos cinq convictions et demandez-vous qui sont responsables de leur programmation. Avaient-ils des soucis d'argent? Ces gens étaient-ils plus riches ou moins riches que vous? Chercheriez-vous conseil auprès d'un réparateur d'automobile pour régler un problème médical ou demanderiez-vous à un médecin de réparer votre auto? La plupart répondront que non, toutefois bon nombre de gens acceptent curieusement l'avis financier de personnes qui ont très peu d'argent. Selon nos recherches, les personnes qui adoptent une attitude négative ont généralement peu d'argent. Lorsque nous voulons résoudre un problème, nous cherchons habituellement à consulter un expert en la matière. De cette manière, nous risquons de régler le problème à long terme, et possiblement de façon permanente.

Réfléchissez à votre attitude envers la fortune et l'argent et à son effet sur votre situation financière actuelle. Votre attitude est-elle positive? Sinon, demandez-vous quel serait votre mode de vie si vous aviez remplacé toutes vos convictions négatives liées à la richesse par des convictions positives. La plupart répondront : « **l'opulence** ».

Avant d'aller plus loin, il serait important de prendre le temps de réfléchir à votre propre définition de la fortune. Un dictionnaire définit la fortune comme suit : ensemble des richesses qui appartiennent à un individu. Cela s'entend peut-être de l'argent ou de la santé, entouré de ses proches. Écrivez votre propre définition dans l'espace qui suit.

Ma définition de la fortune

_____

_____

_____

_____

Maintenant que vous avez formulé une définition de la fortune, vous êtes plus susceptible de la réaliser que les personnes qui n'y ont pas songé. D'où survient la question : Pourquoi certaines gens réussissent-elles mieux que d'autres sur le plan financier? Nous connaissons tous des personnes qui sont nées dans la même ville, ont grandit dans le même voisinage, ont jouit du même enseignement fondamental et du même milieu familial. Pourquoi alors est-ce que l'une d'entre elles semble avoir réussi beaucoup mieux que les autres? Mais avoir réussi selon quelles normes? Le succès est intrinsèquement personnel. Selon certaines normes, les personnes qui ont réussi sont celles qui dirigent une entreprise, sont de bons parents, sont merveilleuses, sont des cadres proactifs ou des artistes accomplis.

Divers motifs font en sorte que certaines personnes réussissent mieux que d'autres, notamment ces personnes :

1. orientent leur vie en fonction d'une mission personnelle claire;
2. « savent » qu'elles atteindront leurs objectifs en raison de leur attitude positive;
3. acceptent de faire des sacrifices pour réussir;
4. sont tenaces. Comme le disait si bien sir Winston Churchill, « N'abandonnez jamais; jamais, jamais il ne faut abandonner! »; [Traduction]

5. ont établi des objectifs personnels concrets et audacieux ;
6. ont consciemment axé leurs efforts sur ces objectifs et ont élaboré un plan d'action spécifique visant à les réaliser;
7. s'efforcent de réaliser leurs objectifs; elles entreprennent des mesures particulières quotidiennes afin d'y arriver.

Le succès alors, c'est quoi? Comment se réalise-t-il? Est-il inné, génétique ou héréditaire? Évolue-t-il de l'environnement? Sa définition est-elle mondiale ou est-elle strictement définie selon la perspective de chacun? Comment atteindre le succès? Voilà des questions sempiternelles. Ce livre examinera chacune de ces questions afin de vous tracer le chemin du succès.

Avant que vous puissiez atteindre le succès dans votre propre vie, vous devez en comprendre le sens. Posez-vous les questions suivantes : « Quels sont les aspects positifs de ma vie? Que manque-t-il à ma vie? Quel est le sens de ma vie? Vous devez, pour réussir, définir clairement votre mission dans la vie. Une fois que vous aurez défini votre propre mission de vie vous serez prêt à tracer votre chemin du succès.

Ma propre mission de vie

_____

_____

_____

Maintenant que vous avez formulé votre définition de la fortune et que vous avez élaboré votre propre mission de vie, vous pouvez passer à la prochaine étape et mettre sur papier ce que représente le succès pour vous. Cela s'avère souvent un mélange de richesse et d'objectifs personnels. N'oubliez pas que l'acquisition de la fortune n'est qu'un outil utilisé pour assurer le succès. L'argent n'est qu'un amplificateur, il amplifie la vraie personne. Les personnes gentilles qui s'enrichissent deviennent tout simplement de gentilles personnes riches. Elles utilisent leur fortune pour s'aider elles-mêmes ainsi que leurs familles et d'autres personnes. Lorsque des esprits mesquins s'enrichissent, ils ont alors la capacité d'être vraiment méchants. Sans vouloir faire la morale, il est important d'aller au-delà de la fortune et de se préoccuper d'autres enjeux sérieux de la vie.

Ma propre définition du succès

_____

_____

_____

À notre avis, le fait d'être parfaitement heureux de notre vie telle qu'elle est, et de la voie dans laquelle nous cheminons, voilà la définition du succès. Une définition claire de ce que représente le succès pour vous – peu importe que vous visiez à avoir un million de dollars en banque, à jouer deux parties de golf par semaine, à passer plus de temps avec votre famille et vos amis ou à consacrer plus de temps et d'efforts à votre œuvre de bienfaisance préférée – vous avez créé un objectif. Si vous n'avez pas pris le temps de définir votre objectif, vous ne serez pas totalement axé sur votre succès et vous risquez de rater des occasions essentielles.

Imaginez un médaillé Olympique du tir à l'arc à qui l'on demande de viser une cible d'une valeur de un million de dollars. Une telle personne connaît toutes les étapes techniques et ne doute aucunement de sa victoire. Toutefois, juste avant de tirer, deux choses étranges surviennent. La tête du tireur est recouverte d'une cagoule et on lui fait faire trois rotations sur place. Quel en sera le résultat? S'il est chanceux, le tireur réussira peut-être à frapper près de la cible! Pourquoi ? Parce qu'en effet, **il est impossible de frapper une cible que l'on ne peut voir**!

Le même principe s'applique au processus d'enrichissement. Bien que vous connaissiez toutes les étapes techniques pour réussir, (c.-à-d., obtenir un diplôme valable, déniché un bon emploi et créer un réseau de personnes-ressources convenable), et que vous ayez lu ce livre de la première à la dernière page, si votre cible n'est pas visible, vous serez déconcentré et désorienté, et ne serez jamais certain d'avoir atteint l'objectif. Maintenant que vous avez déterminé vos attentes par rapport à la fortune, identifié votre propre mission de vie et défini le succès, vous avez en réalité retiré vos « œillères » et avez une cible à atteindre.

Cet exercice vous permettra, entre autres, de découvrir qu'il n'est pas nécessaire d'avoir des millions de dollars pour réussir, et que vous n'êtes peut-être pas tenu de changer votre mode de vie de façon dramatique. Nous connaissons une personne qui a pris sa retraite à 39 ans. Après avoir occupé un poste de direction à stress élevé pendant 15 ans, elle a vendu son appartement de copropriété en milieu urbain (qui était en grande partie payé) et est déménagée dans un chalet au sein d'une petite communauté. Ses seules dépenses comprenaient le chauffage, l'électricité et de minimes impôts fonciers. Elle vit bien sobrement de l'intérêt modeste de son plan d'investissement. Elle cultive ses propres fruits et légumes, et passe la majorité de son temps à peindre. Afin de générer un revenu d'appoint, mais surtout parce qu'elle aime le faire, elle enseigne la peinture aux enfants. Par chance, elle a été une excellente économe et a payé son hypothèque rapidement au moment où elle en avait les moyens.

Selon ses calculs, la plus grande partie de ses revenus était affectée aux impôts et à l'entretien de sa carrière, soit des vêtements haute-couture, une voiture de luxe, etc. En quittant son emploi, la plupart de ces dépenses seraient éliminées et elle pourrait vivre de peu. Le temps est pour elle la plus grande commodité et elle compte maintenant avoir très bien réussi. Pour d'autres, c'est l'argent qui est important. Il n'y a rien de mal à cela, il s'agit de se préparer à modifier ses habitudes actuelles d'achats et d'économies de façon dramatique en vue de votre objectif.

Vous devez maintenant vous demander, « ma routine quotidienne est-elle conforme à la voie que j'ai choisie et aux objectifs que je désire atteindre? Est-ce que je me rapproche du succès tel que je le définis ? ». Si, à votre avis, votre routine quotidienne vous empêche de réaliser votre mission, vous pouvez soit :

a. modifier votre mission ;
b. modifier vos habitudes quotidiennes ;
c. accepter la médiocrité.

Comme le choix de la médiocrité n'est pas très positif, vous devrez décider quel choix est le plus important, vos activités quotidiennes ou votre mission. Pour réussir, vous devrez peut-être modifier votre vie quotidienne, par exemple, démarrer une nouvelle entreprise ou apprendre à épargner et à investir.

> J'étais convaincu que qui pense pauvre, reste pauvre, et je n'avais aucune intention d'être pauvre toute ma vie. [Traduction]
>
> – Ray Kroc,
> Fondateur des restaurants McDonalds

ATTITUDES ET CONCEPTION DE SOI

La conception de soi est une autre notion très importante qui s'alimente de l'information que l'on reçoit dès la naissance. Les réactions de vos parents, votre famille, vos amis, vos enseignants et vos collègues et la façon dont ils vous traitent contribuent subtilement à former votre conception de soi. Prenons l'exemple de parents qui ont peu de temps à consacrer à leur enfant, qui préfèrent lire le journal et qui encouragent l'enfant à jouer ailleurs alors que ce dernier veut jouer avec eux ou se faire cajoler. Au fil du temps, l'enfant commence à croire qu'il n'est pas très important, sans quoi ses parents prendraient bien le temps de jouer avec lui. L'enfant maladroit qui a l'habitude de renverser les choses et qui entend : « Ne sois pas si stupide; regarde où tu vas ! », commencera aussi à croire qu'il n'est pas très intelligent, après tout, ces parents le lui ont dit. Ce genre d'instruction a souvent un effet Pygmalion. Aujourd'hui, les psychologues pour enfants mettent en lumière l'importance de ces messages souvent non intentionnels. Heureusement, dans la plupart des cas, les parents équilibrent ces commentaires, énoncés dans des moments de frustration, par des commentaires tout aussi positifs.

L'Université Yale a mené une série d'études intéressantes visant à examiner les genres de messages que reçoivent les adolescents de familles nord-américaines moyennes. Les résultats d'un essai à large échantillon, effectué pendant une période de sept jours, affichaient 32 messages positifs et 431 négatifs! Cela aura sûrement un impact sur la façon dont le monde est perçu.

En outre, il est important de comprendre que tous ces messages, qu'ils soient positifs ou négatifs, influeront sur votre mode de vie à l'âge adulte. Prenons un exemple concret, notamment la carrière de Denis en tant qu'orateur. Comme il a fait des présentations à plus de un demi-million de personnes dans 40 pays pendant 20 ans, l'on croirait qu'il a été motivé à l'art oratoire pendant toute sa vie, mais cela n'est pas le cas.

Voici ce que nous raconte Denis : « À l'école primaire, j'ai dû me présenter en avant de la classe pour répondre à de simples questions portant sur les tables de multiplication. Après plusieurs mauvaises réponses, j'entendais les petits rires de mes compagnons de classe. Je suis retourné à mon siège en me disant "Denis, comment peux-tu être aussi stupide ? Un enfant de six ans connaîtrait ces réponses ! ». Ce fut ma première expérience en tant qu'orateur et mon subconscient a créé un nouveau dossier classé sous l'art oratoire. Ce dossier indiquait que ce genre d'expérience était quelque peu désagréable. Ma deuxième expérience s'est déroulée pendant un cours de géographie où je devais parler de l'Afrique centrale. Je connaissais bien le sujet, mais juste avant de parler, mon esprit conscient, qui sentait tous ces yeux rivés sur moi en attente de ma première parole, disait à mon subconscient : « Denis, rappelle-toi de l'art oratoire, et je me suis souvenu que je n'étais pas très bon dans ce domaine ».

« J'étais certain de rater ma présentation, car j'ai utilisé ma performance antérieure pour me guider dans la présente activité. Comme les actions sont toujours connexes aux pensées dominantes, j'ai commencé à bégayer. J'étais nerveux, je ne me souvenais plus de mon texte et je suis retourné à mon siège au son de rires et de huées. Voilà un bel exemple de l'effet Pygmalion. Je n'étais pas mauvais, mais je me suis dit que je l'étais et cela s'est concrétisé. Ce nouvel échec n'a que renforcé le sentiment négatif implanté dans mon subconscient et j'ai continué à descendre en spirale.

« Une fois au secondaire, je refusais de faire des présentations en avant de la classe car j'étais convaincu, en raison de mes expériences passées, de rater mon coup. Je répondais aux questions des professeurs en disant, « Je ne sais pas ! » bien que je connaissais la réponse (c'est ma version)! Pendant ma dernière année au secondaire, j'ai pensé surmonter mes habitudes passées et j'ai préparé un discours que je devais présenter à toute l'école. Tout allait bien jusqu'à ce que je me lève devant l'assemblée, que j'entende le silence en expectative, que je sente les yeux rivés sur moi et cette terreur qui m'assiégeait. Encore là, j'étais convaincu que j'allais échouer. Ma voix s'est mise à trembler, mes genoux se sont affaiblis, mes mains sont devenues moites et j'avais le cœur au bord des lèvres. Vous pouvez sans doute imaginer le reste, y compris ma promesse de ne plus jamais parler en public. »

D'après tous les sondages, la crainte de parler en public est classée au premier rang, avant même la mort. (Selon cette logique, si quelqu'un vous annonce que vous allez mourir vous devriez vous en réjouir. Après tout, il aurait pu vous demander de faire un discours.) Par conséquent, plusieurs risquent d'être touchés par cet exemple. Heureusement, nous pouvons vous affirmer que Denis a depuis maîtrisé l'art oratoire, ce qui devrait vous inciter à poursuivre votre lecture et à apprendre à corriger vos propres scénarios de vie.

Cette anecdote évoque-t-elle des souvenirs ? Avez-vous, au fil des années accumulé des convictions autolimitatives ? Inscrivez cinq de vos craintes ou de vos sentiments d'hostilité par rapport à l'argent. Vous pouvez y inclure tout ce que vous voulez, cependant l'exercice vise plutôt à cerner des phobies en matière de finances telles que le fait de parler à votre patron ou à votre groupe de travail, d'être votre propre patron ou encore de consulter un directeur de banque au sujet d'un emprunt.

Examinez votre liste et tentez de remonter à la source de chacun de ces malaises. Sont-ils fondés sur des expériences antérieures? Si tel est le cas, vous devez vous poser la question : « Qu'arriverait-il si je cessais de percevoir ces points négativement ? Si j'anticipais chacune de ces activités, ma vie serait-elle plus positive ? ». Dans ce cas, le temps est peut-être venu de reprogrammer certaines parties de votre conception de soi. (Cet exercice s'appliquera aussi à d'autres aspects de votre vie tels que les rencontres amicales et l'essai de nouvelles activités.) Un tel processus n'est pas toujours facile, mais le gain en vaudra la peine. Passez devant le concessionnaire de BMW alors que vous y réfléchissez.

AFFIRMATIONS POSITIVES

Aux dernières nouvelles, Denis était dans de mauvais draps. Il était victime de vilains messages antérieurs. Comment est-il passé d'un sentiment de souffrance lié à l'art oratoire, à un sentiment de grande joie lui permettant de remporter des prix et d'encaisser de formidables honoraires ? La réponse est bien simple, il a modifié le lien avec cette activité de façon à ce qu'il soit favorable plutôt que pénible.

« J'ai d'abord effectué des exercices intellectuels, affectifs et physiques très simples. Physiquement, j'ai pris le temps d'écrire un bon discours à la main. Cependant, le volet mental exigeait plus d'effort car j'ai dû reprogrammer mon subconscient de façon à lier l'allocution devant le public à des sentiments agréables. L'outil qui permet de réaliser un tel exercice se nomme « affirmation positive », qui en réalité n'est qu'un entretien de motivation. Plutôt que de renforcer l'idée que j'étais un mauvais orateur, j'ai commencé à me dire que j'étais maintenant un excellent orateur. À force de répéter cette idée, j'air progressivement réussi à reprogrammer mon subconscient afin qu'il accepte la perspective que j'étais un bon orateur. Cela paraît peut-être trop simple, mais vous devez vous rappeler que mon problème ne relevait pas du *contexte* de mon discours, mais bien de l'autosabotage créé par mon subconscient.

« J'ai aussi réussi à lier des émotions positives à l'art oratoire. Plutôt que d'y associer des sentiments de gêne, d'échec, de déception et peut-être même l'idée d'être ridiculisé, j'ai décidé d'imaginer quelque chose d'agréable ; pour moi, c'était le ski alpin. La simple pensée « ski alpin », déclenchait une série d'émotions positives. J'ai accroché une de mes affiches de ski alpin préférées dans mon bureau et, tout en la regardant, je me suis dit : « Je suis un excellent orateur ».

« Avec le temps, lorsque je songeais à l'art oratoire, mon esprit évoquait l'image d'un skieur, ce qui donnait lieu à des sentiments et à des pensées positives. La prochaine fois que j'ai eu l'occasion de me présenter devant un groupe et que j'ai senti leur regard, mon esprit a consulté le dossier « art oratoire » et m'a transmis que cela était une activité très agréable et que j'étais un « excellent orateur ». J'étais maintenant libre de me concentrer sur mon discours plutôt que sur la façon dont j'allais miner ma confiance. À la suite de quelques présentations d'essai, qui ont permis de renforcer mes nouvelles convictions, j'étais en mesure de lancer une carrière d'orateur qui s'est avérée une réussite très lucrative. »

La présente anecdote, en lien avec la création d'une fortune, vise à vous faire remarquer que **votre passé n'égale pas nécessairement votre futur**. Il s'agit tout simplement de changer votre perspective. Cependant, la méconnaissance de toute prophétie auto-accomplie négative et dangereuse entraînera des résultats financiers désastreux. Les difficultés que l'on rencontre sur le chemin de la fortune sont plus souvent attribuables à ces convictions limitatives que ne le sont les mauvais investissements. Au fil des années, nous avons rencontré bon nombre de personnes dont la réussite financière a été modérée en raison d'une crainte sans fondement. Partout au monde, les craintes les plus communes relatives aux finances sont :

- en raison de l'état de l'économie, j'ai peur de perdre mon emploi ;
- mon patron m'intimide tellement que je n'ose pas demander l'augmentation que je mérite ;
- j'aimerais bien être propriétaire d'une maison, mais l'immobilier peut présenter des risques et dans le cas d'une baisse de marché, je perdrais toutes mes économies ;
- je ne suis pas enchantée de l'intérêt généré dans mes comptes de banque mais j'ai peur de tout perdre advenant un autre krach boursier ;
- j'aimerais trouver un meilleur emploi, mais si la société pour laquelle je travaille l'apprenait, je perdrais mon emploi ;
- les meilleures occasions d'emploi sont dans une autre partie du pays, mais je devrais alors quitter mes amis et ma famille ;
- je suis conscient que la vente professionnelle est très rémunératrice, mais je crains vraiment le rejet ;

- je crois que le coût est trop élevé pour notre budget, mais si je négocie le prix je risque de perdre notre maison de rêve ;
- toute ma vie je rêvais d'être propriétaire de ma propre entreprise et d'être mon propre patron, mais les médias exposent quotidiennement les faillites d'entreprise et je ne peux me permettre de tout perdre.

La crainte exprimée dans ces énoncés crée une souffrance affective réelle chez les personnes qui communiquent de telles pensées. La souffrance peut être tellement grave qu'elle empêche la personne de réaliser ce qu'elle désire passionnément. Par conséquent, vous devez déterminer clairement vos priorités et vous demander pourquoi vous désirez quelque chose en particulier plutôt que de vous préoccuper des moyens pour l'obtenir. Si le motif de votre désir n'est pas impérieux vous serez incapable de justifier les efforts physiques et mentaux nécessaires pour surmonter la crainte.

L'ignorance est la cause fondamentale de toute crainte. Par conséquent, le savoir réglera toutes les craintes liées aux finances. Ce n'est pas différent du traitement des phobies du noir, des transports aériens, des hauteurs, etc. La réponse est dans le savoir. Ainsi, vous devrez examiner les principes présentés dans les chapitres 1 et 2 du présent livre et les appliquer d'abord à vos plus petites craintes, les surmonter et célébrer. Puis, vous passerez aux plus grandes craintes au fur et à mesure que vos comptes bancaires grossiront.

TROIS SITUATIONS DE CRAINTES COMMUNES

« Mon patron m'intimide tellement que je n'ose pas demander l'augmentation que je mérite. »

Alan raconte l'histoire d'une dame nommée Maya. « Inspirée d'un de mes séminaires, elle m'a approché afin de me raconter comment elle a réussi à surmonter sa crainte innée qui l'empêchait d'approcher les gens afin d'obtenir des renseignements particuliers. Maya était une employée de bureau qui adorait son travail et croyait très bien le faire. Elle œuvrait à ses tâches actuelles depuis huit ans, aimait ses coéquipiers et ses fournisseurs et elle croyait mériter une augmentation de salaire »

« Tout en prenant un café avec elle, je lui ai présenté un exercice qui lui permettrait de réaliser sa valeur aux yeux de la société. D'un côté du bilan elle représentait une dépense de 30 000 $ pour son employeur. Heureusement, l'autre côté affichait une liste beaucoup plus longue.

1. Elle accomplissait toutes les tâches telles qu'elles lui avaient été déterminées lors de son embauche.

2. Au fil des années, le rajustement de son salaire avait été minime relativement à l'inflation.

3. Elle participait systématiquement aux réunions d'associations dans ses temps libres, ce qui donnait lieu à un très bon réseautage. Ces contacts ont entraîné des pistes sur les acheteurs potentiels d'une valeur de plus ou moins 50 000 $ pour la société. Bien que d'autres personnes étaient responsables de finaliser les ventes, selon un ratio de marge bénéficiaire de 15 %, elle avait initié un bénéfice net de 7 500 $ pour la société.

4. Elle avait commencé à faire la tenue des livres de la société, créant ainsi une économie nette de 15 000 $ par année puisque la société n'était pas tenue de renouveler le contrat avec le commis-comptable indépendant qu'elle utilisait auparavant.

5. Elle avait élaboré une série de plans visant à améliorer le système de contrôle de l'inventaire, ce qui a donné lieu à des économies annuelles moyennes de 11 000 $ de coûts de détention.

6. En raison de son emploi continu, la société évitait d'encourir des coûts d'embauche et de formation.

« Maya a commencé à reconnaître la valeur qu'elle représentait pour son employeur. Les revenus ou les économies qu'elle générait représentaient au moins 30 000 $ par année pour la société. De plus, elle accomplissait toutes les tâches établies au moment de son embauche. Elle avait prévu demander une augmentation salariale de 5 000 $ afin de payer certaines dettes et établir un plan d'épargne. Comme l'idée d'approcher son patron l'intimidait toujours, je lui ai demandé quelle était sa plus grande préoccupation. Sa réponse immédiate ? « Le profit. » « À la lumière du bilan, ne penses-tu pas qu'il sera convaincu de ta valeur ? » « Oui, mais il pourrait toujours choisir de me congédier. »

« Examine de nouveau les éléments positifs sur ta liste. Le fait de te récompenser est tout à son avantage, et s'il est incapable de le comprendre, il n'est pas un homme d'affaires astucieux. Pense aux coûts qu'occasionnerait ton remplacement. S'il est un homme intelligent, il comprendra qu'il vaut mieux t'encourager à faire plus de réseautage et à augmenter tes responsabilités plutôt que de te pénaliser. Ainsi, chacun en tirera profit. Tu dois aussi prendre en compte qu'un autre employeur serait bien intéressé par ta liste d'éléments positifs. Tu dois, et tu mérites d'avoir une plus grande confiance en toi. »

« Présentement, ton patron te semble avoir un plus grand pouvoir. Inversons le paradigme et mettons l'accent sur le pouvoir que tu exerces dans la présente situation. Lors de ton entretien avec lui, tu devras prendre cette position. Ce n'est pas de l'arrogance, c'est plutôt le fait de croire en toi et en tes compétences. Si tu es incapable de reconnaître ta valeur, comment peux-tu t'attendre à ce qu'il la reconnaisse ? Voilà la différence entre l'échec et une augmentation. Maya a obtenu une augmentation, et peu de temps après une promotion. »

« J'aimerais bien être propriétaire d'une maison, mais l'immobilier peut présenter des risques et dans le cas d'une baisse de marché, je perdrais toutes mes économies. »

Soyons honnêtes, vous avez acheté le présent livre parce que vous voulez plus d'argent. Pourquoi alors déposer de l'argent dans le compte d'investissement d'une autre personne sous forme de loyer? En réalité, aucune propriété ne peut perdre toute sa valeur à moins qu'elle ne soit érigée sur un dépotoir de déchets toxiques, auquel cas le gouvernement serait tellement embarrassé qu'il offrirait de vous déménager dans un autre voisinage. Traditionnellement, l'immobilier a toujours pris de la valeur au fil des années. Rappelez-vous les trois clés lors de l'achat d'une maison : l'emplacement, l'emplacement et l'emplacement. Comme les médias nous le rappellent souvent, les actions peuvent perdre cent pour cent de leur valeur du jour au lendemain et même les plus précieux fonds communs de placement ne vous permettront pas de rester au chaud pendant la nuit. Nous avons entendu tous les arguments en faveur et contre l'achat d'une maison et, en bout de ligne, vous avez de bonnes chances d'être avantagé si vous achetez plutôt que de payer un loyer. Le chapitre 4 traitera plus en détail des astuces liées à l'achat d'une maison ou d'un appartement de copropriété.

« Toute ma vie je rêvais d'être propriétaire de ma propre entreprise et être mon propre patron, mais les médias exposent quotidiennement les faillites d'entreprise et je ne peux me permettre de tout perdre ».

Au contraire, si vous êtes propriétaire de votre propre entreprise, vous aurez une plus grande sécurité d'emploi que si vous pratiquiez un travail régulier. En tant que propriétaire d'entreprise, vous avez plus de contrôle sur votre avenir et votre récompense est directement liée à vos efforts. Lorsque vous êtes à l'emploi de quelqu'un, vous n'êtes pas à l'abri des mises à pied ou des promotions ratées et vous placez votre destin dans les mains d'un autre.

La recherche et la préparation appropriées sont les clés pour démarrer une entreprise prospère. La section C du présent livre vous préparera à affronter certaines situations. Il est vrai que certaines entreprises font faillite. Il est impossible de tout planifier, mais si votre entreprise fait faillite, vous apprendrez de cette expérience et serez en bien meilleure position la prochaine fois. Thomas Edison a tenté 2 000 essais avant d'inventer l'ampoule électrique. Lorsque les gens lui demandaient comment il réagissait à tous ces échecs il disait, « quels échecs ? Pour moi, chaque essai a été une leçon précieuse. »

> Pour doubler votre taux de réussite, vous devez doubler votre taux de défaillance. [Traduction]
>
> – Tom Watson,
> Président, IBM

La chose à retenir est qu'une personne qui est positive envers elle-même et qui jouit d'une estime de soi élevée sera aussi assez confiante pour avancer dans la vie. Ces sentiments sont directement liés à vos actions. Comme les actions donnent lieu à des résultats, fondamentalement, votre niveau de succès varie selon votre niveau d'estime de soi.

ANTICIPATIONS

Une étude réputée, effectuée ici en Amérique, comprenait un groupe d'enseignants moyens et un groupe d'élèves moyens. On a avisé les enseignants qu'ils avaient été sélectionnés pour faire partie d'une noble étude en raison de leurs aptitudes d'enseignement exceptionnelles. On leur a aussi dit que les élèves dans leurs classes avaient été choisis minutieusement en raison de leur intelligence supérieure. On a demandé aux enseignants et aux élèves de ne pas discuter du projet avec quiconque. À la fin de l'année, les classes affichaient la moyenne pondérée cumulative la plus élevée de toute la ville ! Lorsque les enseignants ont appris que les élèves étaient, au départ, d'intelligence moyenne, ils ont attribué le succès de l'étude à leurs aptitudes d'enseignement supérieures. Imaginez leur surprise lorsqu'ils ont appris qu'en réalité ils avaient été choisis en raison de leurs aptitudes moyennes. À la lumière des renseignements fournis, les enseignants avaient des attentes supérieures par rapport à leurs aptitudes et à celles de leurs élèves. Ce sentiment dominant a créé une ambiance très positive qui a donné lieu aux meilleurs résultats possible. C'est ce que l'on appelle la théorie de l'anticipation comportementale ou la théorie de l'expectative et elle est le fondement de l'Attitude mentale positive (AMP).

L'ATTIDUDE UN ÉLÉMENT ESSENTIEL

Une bonne attitude constitue 85 % du succès. L'attitude, accompagnée de deux autres éléments essentiels, déterminera votre niveau de prospérité éventuel. Les habiletés, qui forment le deuxième élément essentiel, correspondent par exemple, à la capacité de réparer une voiture ou de pratiquer la neurochirurgie. Les habiletés peuvent être acquises. Le savoir est le troisième élément essentiel. Cet élément est acquis par le biais de la lecture, des études, de la participation à des séminaires, etc. Il est impossible d'appliquer ses compétences sans avoir appris à le faire. La combinaison des habiletés et du savoir égalera la capacité qu'aura une personne d'effectuer une fonction. Bon nombre de personnes physiquement et mentalement aptes à effectuer un travail quelconque choisissent, pour une raison ou pour une autre, de ne pas le faire correctement. Cela est une question d'attitude.

Pensez aux personnes que vous connaissez qui ont perdu leur emploi. Éliminez les personnes qui ont été remerciées en raison de la réduction des effectifs ou qui ne pouvaient effectuer leur travail pour des raisons de santé. Demandez-vous maintenant si ces personnes ont perdu leur emploi parce qu'elles ne savaient pas comment faire le travail ou parce qu'elles ont choisi de ne pas le faire correctement. La dernière affirmation est la plus plausible. Ces personnes n'auraient pas été embauchées si elles n'avaient pas su faire le travail. En outre, à un moment donné, elles ont consciemment décidé qu'elles ne feraient pas ce travail toute leur vie. En d'autres mots, leur congédiement est attribuable à leur attitude envers le travail et non à l'absence d'habiletés ou de savoir. L'attitude est comme la colle qui permet de retenir le succès.

ATTITUDE MENTALE POSITIVE

Une des plus simples formules visant à reprogrammer le subconscient vers la réussite s'intitule le régime d'AMP (attitude mentale positive) de 21 jours. Ne donnez pas de connotation négative au mot régime. Un régime n'est qu'une façon de régulariser la quantité et la qualité d'une certaine chose dans un système. Par exemple, un régime alimentaire vous permet de contrôler la quantité et la qualité de nourriture que votre système ou votre corps, absorbera pendant un certain temps. En termes de finances, nous visons à contrôler la quantité et la qualité des pensées positives pendant 21 jours. Pourquoi 21 jours ? Les études démontrent qu'une habitude met 21 jours à se former.

Vous devrez suivre les étapes suivantes, notamment pendant les sept premiers jours, vous devrez identifier vos nouvelles convictions, puis les sept prochains jours serviront à programmer vos nouvelles convictions et enfin les sept derniers jours serviront à renforcer et à maintenir les nouvelles convictions.

Tâches physiques
Déterminer l'objectif.
Écrire l'objectif dans le
Visualiser votre succès
   carnet de banque.
Placer le carnet de banque
   sur le réfrigérateur.
Examiner vos habitudes en
   matière de dépenses.
Cacher les cartes de crédit.
Transporter uniquement
   le montant d'argent
   nécessaire.
Ne pas fréquenter
   les magasins.
Déposer souvent des
   dollars à la banque.

Tâches mentales
Procéder à des discours
intérieurs positifs

Comme le tableau l'indique, nous avons divisé le travail selon des tâches physiques et mentales. La première tâche physique consiste à fixer un objectif financier. Le simple fait de l'écrire et d'y mettre une date limite fera en sorte que votre rêve se transforme en objectif. Cet exercice vise à économiser de l'argent. Vous pouvez l'adapter à tout autre objectif choisi. Dans le cas présent, vous devez d'abord inscrire la valeur monétaire de votre objectif au haut d'une longue page. En dessous, dessinez un thermomètre sur lequel vous diviserez le montant ciblé par tranches de 10 %. Plusieurs œuvres de bienfaisance utilisent cette méthode pour marquer le progrès de leurs campagnes de financement. Cela vous aidera à faire un lien avec l'idée que vous réussirez à atteindre votre objectif à l'accepter et à vous motiver au fur et à mesure que vous y approchez. Le fait de visualiser votre démarche vous permet d'y croire plus facilement ; le fait d'y croire vous permet de la réaliser plus facilement.

Placez le thermomètre sur le réfrigérateur ou dans un autre endroit où vous pourrez le voir quotidiennement et commencez à le « remplir ».

> Les chaînes de l'habitude n'ont pas de poids jusqu'à ce qu'elles soient trop lourdes pour être rompues.
> [Traduction]
>
> – Warren Buffett
> Investisseur milliardaire

Analysez vos habitudes en matière de dépenses. Le fait de déterminer votre destination ne suffit pas. Vous devez évaluer votre situation actuelle et comprendre les facteurs qui ont influé sur elle. Vous comprendrez pourquoi vous n'avez pas un surplus d'argent si vous retracez vos habitudes en matière de dépenses. Ce sujet sera traité plus à fond à la section B.

Rangez vos cartes de crédit ! Si vous êtes un acheteur impulsif, apportez uniquement le montant d'argent nécessaire aux achats prévus lorsque vous magasinez. Cette technique vous empêchera de ramasser un sac de croustilles supplémentaire, une revue ou un outil inutiles.

N'allez pas magasiner. Les achats impulsifs seront plus faciles à éviter si vous n'entrez pas dans les magasins. Faites plutôt une promenade dans le parc, vous serez plus en santé, plus détendu et plus riche. Si vous devez aller au magasin, respectez votre liste et achetez uniquement ce dont vous avez besoin. Effectuez souvent des dépôts à la banque, peu importe le montant. Créer la nouvelle habitude de déposer de l'argent, voilà ce qui importe. Votre thermomètre grimpera, votre comportement sera renforcé et vous serez récompensé par l'accumulation rapide de vos épargnes.

Passons maintenant au travail mental simultané. Vous devez procéder à des discours intérieurs positifs qui vous inciteront à développer une nouvelle attitude et de nouveaux comportements. Visualisez votre succès. Vous pouvez mettre aussi peu que cinq minutes par jour à le faire, cependant il ne suffit pas de visualiser le surplus en banque, si tel est votre objectif actuel, vous devez aussi imaginer vos nouvelles routines et habitudes ainsi que le sentiment d'accomplissement euphorique qui vous envahit lorsque vous réussissez à surmonter un défi. L'acceptation des changements physiques que vous avez initiés variera selon le niveau d'implantation de ces images positives dans votre esprit.

Bien que certains puissent croire que de telles démarches ressemblent plutôt à des circonlocutions du nouvel-âge et n'en valent pas la peine, elles sont bien inspirées. Par exemple, si vous mangez des aliments gras et malsains, le fait de devenir gros et paresseux ne devrait pas vous surprendre. Le même principe s'applique à votre esprit par rapport à vos comportements. De plus, vous ne liriez pas ce livre si vous étiez satisfait de votre situation financière actuelle, ce qui porte à croire que vos comportements antérieurs n'ont pas été très efficaces. Et partant, vous n'avez rien à perdre.

Si, pendant 21 jours, vous pratiquez religieusement ces visualisations, vous commencerez à développer une série d'habitudes qui changeront votre vie. Rappelez-vous, c'est pareil à l'abandon du tabac : il ne faut pas succomber aux « envies » et abandonner le programme, car vous retournerez au point de départ !

ZONES DE SÉCURITÉ

Les zones de sécurité peuvent contrer vos efforts. Nous avons tous lu des anecdotes sur les travailleurs à salaire minimum qui ont gagné une fortune à la loterie. Ces personnes étaient souvent issues de familles n'ayant pas l'habitude de gérer des montants d'argent importants, et malheureusement, à l'intérieur de quelques années, sinon quelques mois, elles réussissaient à dépenser tout leur gain. Comme elles n'avaient pas l'habitude de gérer beaucoup d'argent, elles sont projetées à l'extérieur de leur zone de sécurité financière à l'idée d'un montant d'argent aussi impressionnant. Le fardeau de la fortune et la bizarrerie de la situation les rendent tellement inconfortables qu'elles sont poussées à retourner à leur zone de sécurité. En fait, elles sont psychologiquement programmées de manière à dépenser follement leur fortune jusqu'à l'épuisement des fonds.

Quoiqu'elles se sentent ridicules d'avoir « jeté leur argent par la fenêtre », elles sont en réalité beaucoup plus heureuses puisqu'elles ont retrouvé leur niveau de sécurité. Il est essentiel que de telles personnes lisent ce livre et modifient leur attitude et leurs habitudes avant d'encaisser le billet gagnant.

Plusieurs cas prouvés de ce genre proviennent de l'industrie musicale et du spectacle. Parmi les musiciens qui ont fait l'objet d'une entrevue ou avec qui nous avons travaillé au fil des années, bon nombre ont été incapables de gérer la réussite une fois qu'ils l'avaient atteinte. Plusieurs se sont tournés vers des substances donnant lieu à des abus ou ont adopté d'autres habitudes nuisibles, allant parfois jusqu'au suicide, afin d'affronter du jour au lendemain le monde inconnu du succès. Après avoir durement travaillé et avoir atteint tout ce dont ils avaient rêvé, l'expérience leur a semblé vide de sens. Heureusement, un aussi grand nombre ont réussi dans tout le sens du mot en raison de leur solide conception de soi, jumelée à la reconnaissance de l'importance de leurs familles et amis. Ainsi, une autre maxime est à prendre en compte : Attention à ce que vous rêvez, cela pourrait bien devenir réalité. Nous ne voulons pas insinuer que vous ne devriez pas avoir de hautes aspirations ou de nobles objectifs, mais plutôt que vous devriez tenter de les atteindre étape par étape et comprendre ce qui les motive afin que vous puissiez vous préparer mentalement à la réussite.

Un moyen de modifier votre zone de sécurité, comme vous l'avez constaté dans le régime d'AMP, est de changer votre discours intérieur. En effet, vous devez le changer quotidiennement afin de programmer votre subconscient à la réussite. Vous pouvez procéder de deux façons, la première étant d'utiliser des affirmations positives. C'est ce qu'a fait Denis pour dissiper sa peur de parler en public.

Vous recevez constamment des messages critiques qui renforcent vos concepts de soi négatifs. Ainsi, vous devez faire volte-face et programmer votre discours intérieur de manière à constamment recevoir des messages positifs. Chaque fois que vous répétez des affirmations positives, votre subconscient reçoit un message positif puissant. Vous le programmez à accepter votre nouvelle conception de soi. La répétition constante de cette démarche vous permettra effectivement de modifier votre conception de soi relative à vos capacités dans un domaine donné.

LE POUVOIR DE LA VISUALISATION INGÉNIEUSE

Une fois que vous utilisez ces affirmations positives pour créer une nouvelle zone de sécurité, la deuxième technique, nommée visualisation ingénieuse, vous permet d'arriver au but. Pour pratiquer la visualisation ingénieuse, il s'agit de se fermer les yeux tout en rêvant un peu et en interprétant des rôles. Pendant cet exercice, vous visualiserez votre réussite dans le domaine que vous tentez de programmer dans votre subconscient. Par exemple, si vous voulez toucher un million de dollars, imaginez votre nouveau milieu. Pensez au genre de maison dans laquelle vous vivrez et à son emplacement. Soyez réaliste. N'oubliez pas que vous n'aurez pas un château ou un manoir du jour au lendemain. Vous ne voulez pas faire comme le pauvre gagnant à la loterie qui finit par tout perdre. Veillez à ce que vos visualisations soient réalisables.

> L'argent, ce n'est pas tout... mais c'est au même rang que l'oxygène. [Traduction]
>
> – Rita Davenport,
> Conférencière spécialiste de la motivationr

Si vous vivez présentement dans une maison d'une valeur de 100 000 $, visualisez une maison d'une valeur de 250 000 $ pour le moment. Ce voisinage est plus susceptible de se situé dans votre zone de sécurité. Vous pouvez toujours augmenter à l'avenir alors que vos toucherez plus d'argent et que vous vous fixerez des objectifs plus élevés. Les gens riches, comme vous le constaterez à la section B de ce livre, maintiennent des objectifs réalistes et contrôlent leurs dépenses. En outre, imaginez une plus belle maison, le genre d'école que vous aimeriez pour vos enfants et la façon dont vous vous adapterez à cette nouvelle communauté. La visualisation vous permet de brosser un profil mental vivant de votre vie une fois que vous aurez atteint votre objectif. Vous êtes à programmer ce sentiment – cette attitude, afin qu'ils deviennent réalité et qu'ils solidifient votre nouvelle zone de sécurité, peu importe que vous cherchiez à perdre du poids, à réussir en tant que professionnel, à être plus confiant, à toucher plus d'argent ou à réussir dans le domaine de votre choix.

Si, pendant une période continue de 21 jours, vous êtes bien concentré et récitez vos affirmations positives accompagnées de visualisations ingénieuses, vous aurez posé les jalons d'un changement effectif. Dans le cas où un tel changement vous passionnerait et vous motiverait, vous aurez, après 21 jours, créé une nouvelle zone de sécurité dans laquelle vous pourrez vivre. Si vous combinez ces comportements, ces habitudes d'épargne et d'investissement et les autres techniques présentées plus loin visant à accroître la fortune, vous aurez tout ce dont vous avez besoin pour réussir sur le plan financier.

L'anecdote qui suit illustre bien le succès à votre portée alors que vous appliquiez des techniques précitées.

Notre ami, Antoine, rêvait tout haut d'une BMW Z3 tape-à-l'œil. Après avoir entendu ses réflexions à plusieurs reprises, nous avons décidé de vérifier s'il était sérieux, et lui avons demandé à quel moment précis il prévoyait obtenir sa Z3 et comment il procéderait pour amasser les fonds nécessaires.

Antoine n'avait pas de date ou de plan, c'était uniquement une fantaisie. Nous lui avons précisé qu'à moins de grands changements, il n'aurait jamais le véhicule de ses rêves. D'abord, il devait fixer une date, puis créer une stratégie visant à obtenir l'argent. Ces étapes comprenaient les tâches physiques. Il ne restait plus qu'à effectuer les tâches mentales.

Afin de lui aider à se sentir plus à l'aise à l'idée d'avoir la voiture en question, nous l'avons amené chez un concessionnaire de BMW, où nous avons déniché une Z3 rouge, et à l'aide d'une caméra numérique, avons photographié Antoine adossé à l'auto comme s'il en était le propriétaire. Nous avons aussi pris une photo alors qu'il conduisait la voiture (pendant l'essai de conduite), et une dernière dans l'auto, à partir de l'arrière. Nous lui avons aussi demandé de fermer les yeux (après avoir garé la voiture) et de décrire les odeurs de la voiture – l'odeur d'une voiture neuve, des sièges capitonnés de cuir, etc. – et de prendre note de ses sentiments alors qu'il était dans la voiture. Toutes ces démarches visaient à ce qu'il établisse un lien multisensoriel avec la voiture. Plus tard, chez Antoine, nous avons imprimé les photos et les avons placées dans des endroits stratégiques tels que le réfrigérateur, le miroir de la salle de bain et à l'intérieur de son agenda à titre de rappels positifs. Nous visions à ce que les images lui rappellent constamment son objectif. Plus il s'imaginait dans la voiture, plus son esprit s'habituait à l'idée.

Après avoir analysé sa situation financière, Antoine a réalisé qu'il devait beaucoup économiser pour amasser l'argent nécessaire à l'achat de la voiture. Par conséquent, il a décidé de postuler à un poste plus rémunérateur, une démarche qu'il remettait depuis plusieurs semaines. Il a obtenu le poste ainsi que l'augmentation, mais plus important encore, il a décidé de ne pas changer son mode de vie. Au contraire, il a retranché ses dépenses. Il a consolidé ses dettes en faisant justice de ses cartes de crédit à taux élevé et a fait un emprunt minime qu'il a repayé en 12 mois. Il a emprunté un montant de 10 000 $ à 7,5 % d'intérêt qu'il a placé à 5 % d'intérêt. Évidemment, cette stratégie lui a coûté 250 $ mais elle est forcément devenue un plan d'épargne. Comme il devait repayer l'emprunt, il a pris l'habitude de déduire systématiquement ce montant à tous les mois.

Selon une autre stratégie, il a pris son argent de poche hebdomadaire, soit 125 $, en liquide au début de chaque semaine, puis l'a placé dans sa poche de droite. Chaque fois qu'il voulait faire un achat, il regardait la photo dans son agenda et il se demandait si la dépense était justifiée. Plus souvent qu'autrement, il renonçait à l'achat et transférait l'argent à sa poche de gauche. À la fin de la semaine, il déposait dans son compte d'épargne l'argent qu'il avait amassé dans sa poche de gauche, puis il appliquait le montant qui restait dans sa poche de droite au fonds de la semaine suivante.

À l'aide des ces simples stratégies, Antoine a épargné 12 823 $ sur une période de 12 mois (2 823 $ en plus de l'emprunt de 10 000 $). Le contrat de location de sa voiture a pris fin une journée avant qu'il achète la Z3. Ce même après-midi, il a utilisé le 12 823 $ comme versement initial et a financé le solde sur une période de trois ans. En raison du montant de son versement initial, ses versements mensuels étaient 100 $ de moins que ses versements antérieurs. En récompense, il a affecté ce 100 $ de surplus à l'ouverture d'un CIR. Aujourd'hui, à la suite d'autres stratégies d'épargne créatives (dont plusieurs font l'objet d'une étude dans les prochains chapitres), il est propriétaire d'une magnifique copropriété donnant sur la mer et il maximise toujours sa contribution annuelle au CIR. Il a accomplit tout cela grâce à la visualisation et à la modification simple mais efficace de ses habitudes en matière de dépenses et d'économies.

Tout ce qu'Antoine a fait, vous pouvez vous attendre à le faire avec autant de succès. Pour vous préparer à la victoire, vous devez appliquer cette démarche aux changements que vous désirez apporter à votre vie personnelle et professionnelle tout en reconnaissant que vous réussirez. D'autres stratégies de ce genre sont offertes dans notre site Web à www.abcsofmakingmoney.com, cliquez sur nos services de soutien personnalisé de marque.

LE BLÂME PAR OPPOSITION À LA RESPONSABILITÉ

Il est bien facile de blâmer les autres pour vos soucis financiers. Si quelqu'un d'autre est à défaut, vous ne serez jamais obligé de prendre des mesures. Le fait de blâmer les autres représente le passé. La responsabilisation représente le futur. Le présent est la seule partie de votre histoire qu'il vous est possible de contrôler et la seule façon de le faire est de prendre à votre compte votre situation financière. Comment cesser de blâmer les autres pour vos propres faiblesses ? La capacité d'effectuer un changement commence par la sensibilisation. Le fait que vous ayez pris la mesure de vous procurer ce livre et de le lire accroît déjà votre sensibilisation de façon marquée.

Tentez le bref exercice suivant :

1. Dressez une liste de mesures à prendre et une autre de mesures à éviter. Par exemple, " Je devrais mieux préparer et organiser mon travail « ou » Je ne devrais pas en vouloir à mes collègues de travail ».

   _____   _____

   _____   _____

   _____   _____

2. Maintenant, changez « Je devrais » pour « Je dois » et « Je ne devrais pas » pour « Je ne dois pas », selon le cas.

   _____   _____

   _____   _____

   _____   _____

Examinez vos sentiments alors que vous prononcez les deux phrases. Vous aurez probablement un sentiment de puissance plus prononcé lorsque vous dites « Je dois » plutôt que « Je devrais » ou « Je ne dois pas » plutôt que « Je ne devrais pas ». Vous êtes beaucoup plus puissant lorsque vous acceptez de prendre en compte vos actes, et vous pouvez alors prendre contrôle de votre vie.

Le fait de blâmer les banques pour les taux d'intérêts élevés des cartes de crédit est inutile. Une démarche beaucoup plus productive serait d'accepter de prendre en compte de vos soucis financiers, payer le solde et couper la carte. Vous économiserez un montant important de frais de crédit et pourrez investir cet argent dans un plan d'épargne. Le fait de blâmer quelqu'un d'autre parce que vous n'avancez pas dans la société pour laquelle vous travaillez est aussi inutile. Soyez responsable et élaborez un nouveau plan. Suivez une formation, par exemple, afin que votre patron ne puisse vous refuser d'avancer ou utilisez la formation additionnelle pour obtenir un meilleur emploi ailleurs.

Bon nombre de personnes qui ne réussissent pas dans la vie connaissent tous les motifs de leur insuccès. Un analyste spécialisé dans l'étude du caractère a dressé une liste des prétextes les plus communs. À la lecture de la liste, réfléchissez bien et déterminez combien de ces prétextes, le cas échéant, font partie de votre vocabulaire.

Je jouirais de plus de succès...

SI je n'avais pas de conjoint ou de conjointe et de famille ;

SI j'avais assez de « piston » ;

SI j'avais de l'argent ;

SI j'avais une bonne scolarité ;

SI je pouvais obtenir un emploi ;

SI j'étais en bonne santé ;

SI seulement j'avais le temps ;

SI la vie était meilleure;

SI les autres personnes me comprenaient ;

SI les conditions qui m'entourent étaient différentes ;

SI je pouvais recommencer ma vie ;

SI je n'avais pas peur de ce que disent les « gens » ;

SI j'en avais eu la chance ;

SI d'autres personnes ne « m'en voulaient pas » ;

SI rien n'arrive pour m'en empêcher ;

SI j'étais plus jeune ;

SI je pouvais faire à mon gré ;

SI j'étais né riche ;

SI je pouvais rencontrer les bonnes personnes ;

SI j'avais le talent dont certaines personnes font preuve ;

SI j'osais m'affirmer ;

SI j'avais profité des occasions passées ;

SI les gens ne m'irritaient pas tant ;

SI je ne devais pas gérer la maison et m'occuper des enfants ;

SI je pouvais épargner de l'argent ;

SI le patron m'appréciait ;

SI quelqu'un pouvait m'aider ;

SI ma famille me comprenait ;

SI je vivais dans une grande ville ;

SI je pouvais démarrer ;

SI j'étais libre ;

SI j'avais la personnalité de certaines personnes ;

SI je n'avais pas un excédent de poids ;

SI mes talents étaient connus ;

SI la chance me souriait ;

SI je pouvais régler mes dettes ;

SI je n'avais pas échoué ;

SI je savais comment m'y prendre ;

SI les gens n'étaient pas tous contre moi ;

SI je n'avais pas autant de préoccupations ;

SI je pouvais épouser la bonne personne ;

SI les gens n'étaient pas aussi stupides ;
SI ma famille n'était pas aussi extravagante ;
SI j'avais confiance en moi ;
SI la chance me souriait ;
SI j'étais né sous une bonne étoile ;
SI le dicton " ce qui arrivera, arrivera « n'était pas vrai » ;
SI je n'avais pas à travailler si dur ;
SI je n'avais pas perdu mon argent ;
SI je vivais dans un autre voisinage ;
SI je n'avais pas d' « antécédents » ;
SI j'avais ma propre entreprise ;
SI les gens m'écoutaient.

Si vous avez lu et compris le présent chapitre et que vous êtes prêt à effectuer les changements qui s'imposent, vous réaliserez que chacun de ces prétextes est maintenant désuet. Cependant, le prétexte qui suit est le plus difficile. Si vous pouvez le dire sans faire la grimace, vous serez responsable de vous-même et de vos actions, et prêt à tout entreprendre, y compris à vous enrichir : « Si j'ai le courage de reconnaître qui je suis, j'analyserai mes lacunes et je les corrigerai. Je pourrai ensuite profiter de mes erreurs et je serai apte à vivre des expériences nouvelles ».

Afin de s'assurer que vous êtes prêt à passer à la prochaine étape, passons en revue les points discutés dans le présent chapitre.

1. Quels étaient mes convictions initiales par rapport à la fortune ?
2. Qui a implanté ces opinions dans mon esprit ?
3. Ces pensées doivent-elles être modifiées ?
4. Quelle est ma nouvelle définition de la fortune ?
5. Pourquoi certaines personnes réussissent-elles mieux que d'autres ?
6. Quel est ma propre affirmation positive de la vie ?
7. Quelle est ma propre définition du succès ?
8. Quelles sont les situations financières que je crains le plus ?
9. Suis-je prêt à changer ces craintes en activités anticipées ?
10. Est-ce que je blâme les autres pour mes faiblesses ?
11. Quel est mon plan d'action relatif à mes désirs ?
12. Quelles sont mes visualisations réalistes et réalisables ?
13. Quelles sont mes propres affirmations positives ?
14. Est-ce que je peux visualiser le succès ?

Lorsque vous pourrez répondre à chacune de ces questions, vous serez en mesure de passer au chapitre suivant. Veuillez examiner les questions avec soin. Certaines questions seront possiblement difficiles à répondre, et plus elles sont difficiles, plus il est essentiel d'y répondre. Sans vouloir moraliser ou paraître condescendants, nous devons souligner qu'en contournant le présent processus, vous taxez votre avenir financier. Si vous acceptez d'effectuer ce travail, les autres étapes s'effectueront facilement et votre fortune s'accroîtra exponentiellement.

> Au moment où elles y arrivent, la plupart des personnes ont oublié ce que " y " signifiait. [Traduction]
>
> – Malcolm Forbes

Le chapitre qui suit, intitulé Attitudes puissantes pour devenir un brasseur d'affaires, vous permettra d'aller un peu plus loin en comparant deux différents genres de personnes, notamment les adeptes du minimalisme et les brasseurs d'affaires. Vous apprendrez trois éléments critiques qui vous aideront à suivre la « voie express » vers la fortune.

ATTITUDE PUISSANTE POUR DEVENIR UN BRASSEUR D'AFFAIRES

Félicitations ! Le fait que vous soyez rendu au chapitre 2 est preuve de votre engagement et de votre désir réel de modifier votre attitude, et démontre que vous êtes sur la voie qui mène à un changement positif en matière de finances. Ne soyez pas inquiet, nous arrivons sous peu aux trucs visant à créer et à épargner de l'argent. Cependant, nous voulons d'abord que vous preniez en compte certains éléments de votre attitude envers l'argent qui vous seront très profitables une fois que vous aurez commencé à accumuler des montants plus importants.

Le présent chapitre vous apprendra à adopter ou à changer votre attitude de manière à ce qu'elle soit conforme à celle des riches. En termes simples, lorsque vous apprenez à penser comme un millionnaire, c'est beaucoup plus facile de le devenir.

Selon nos expériences et recherches, le monde se divise généralement en deux camps ; 90 % sont des adeptes du minimalisme et l'autre 10 % sont des brasseurs d'affaires. Leur attitude envers l'argent représente la différence fondamentale entre les deux groupes.

L'attitude des adeptes du minimalisme par rapport à l'argent se résume ainsi : ils croient qu'il faut travailler pour réussir. Cela laisse croire qu'il faut trouver le meilleur emploi, offrant une grande sécurité, le plus haut salaire, les meilleurs avantages, plus de formation et qu'il faut travailler plus dur pour obtenir une promotion, etc. Pour sa part, le brasseur d'affaires croit que pour réussir, il doit laisser l'argent travailler pour lui. Donc, 10 % la reçoivent, 90 % la payent.

Après avoir étudié les personnes riches pendant des décennies, nous avons conclu qu'en tant que groupe, ces personnes sont orientées vers l'accumulation de la fortune de façon constante. Pour certaines, cela devient une obsession prédominante, et bien qu'elles soient très heureuses, elles ne jouissent pas toujours des autres plaisirs de la vie. À notre avis, tout doit se faire en temps et lieu, et de manière équilibrée. Nous ne vous suggérons pas d'adopter l'accumulation de la fortune comme nouvelle religion ; nous vous proposons plutôt de prendre les éléments les plus puissants d'une telle attitude et de les inclure dans votre nouvelle façon de penser. Nous nommons cette démarche, devenir un brasseur d'affaires.

La plupart des personnes à qui l'on demande si elles veulent devenir riches répondent habituellement par l'affirmative. Cependant, au-delà de la réponse, elles n'y réfléchissent pas beaucoup. En outre, la première chose à faire consiste à déplacer un tel objectif de l'arrière plan à l'avant plan afin de l'aborder. L'argent est comme un aimant dans le sens qu'il a du pouvoir. Ce pouvoir peut être positif ou négatif. Si vous ne comprenez pas le pouvoir de l'argent, ce dernier vous contrôlera ; vous en deviendrez esclave. Une fois que vous comprenez le pouvoir de l'argent et que vous commencez à en prendre contrôle, vous pouvez l'exploiter positivement, et le mettre à profit.

La crainte, comme nous en avons discuté au chapitre 1, est l'une des raisons pour laquelle certaines personnes ont de la difficulté à mobiliser le pouvoir de l'argent. Par exemple, la crainte de perdre votre logis ou votre maison vous incite à travailler sérieusement à un emploi quelconque. Le mode de vie que chacun peut s'offrir est la seule différence entre le travail d'une secrétaire de bureau, d'un travailleur à la chaîne, d'un ingénieur ou d'un technicien de laboratoire. Dans chaque cas, il est possible que ces personnes soient esclaves de leurs salaires et du mode de vie qu'elles ont choisi. Elles ne peuvent prendre du recul et jouir de la vie, car elles se préoccupent tellement peu de l'avenir que, faute de revenu, même pendant quelques semaines, elles risquent de tout perdre. Cette crainte est une puissante force de motivation et réussit à lier les gens au navire S.B.F. (sur les bords de la faillite).

En revanche, examinez la situation d'une personne qui a le même genre de travail mais qui a mis sur pied un plan d'épargne retraite ordinaire, a cessé de dépenser pour des choses qu'elle n'a pas vraiment le temps d'apprécier, ou a cherché une autre source de revenus en démarrant une petite entreprise à temps partiel. Ces personnes sont des brasseurs d'affaires qui se distinguent par leur attitude envers l'argent.

Un brasseur d'affaires est une personne dont l'attitude mentale vise à contrôler l'argent et à le mettre à profit. Comme il a été mentionné au chapitre 1, notre réalité extérieure est toujours conforme à notre réalité intérieure. Les brasseurs d'affaires saisissent instinctivement les lois suivantes :

- La loi des causes et des effets selon laquelle chaque action a une réaction correspondante et prévisible. Ainsi, quiconque se concentre sur des pensées limitatives en matière de richesse ou relatives à la pénurie de capitaux ne réussira pas à accumuler une fortune. Le brasseur d'affaires se concentre sur l'idée qu'il contrôle l'argent et non l'inverse. Tôt ou tard, cela deviendra réalité. Le brasseur d'affaires économise d'abord, puis dépense ce qui reste, tandis que les adeptes du minimalisme dépense d'abord, puis économise s'il en reste (ce qui est rarement le cas).

- La loi du calice d'or selon laquelle, pour utiliser un vieux cliché, le verre peut être à moitié plein ou à moitié vide. Chose étonnante, bon nombre de personnes choisissent la perception du verre à moitié vide. Lorsque le marché boursier est à la baisse, le brasseur d'affaires le perçoit comme une occasion d'acheter des actions à bon prix. Dans le cas d'une entreprise qui dépasse toutes les attentes, le brasseur d'affaires vend ses actions et encaisse les profits avant qu'une circonstance imprévue ne lui vole les profits futurs.

- La loi de l'apprentissage à vie. L'apprentissage correspond à l'acquisition. Il existe une corrélation distincte ente l'apprentissage et l'enrichissement. Si l'apprentissage ne vous permet pas de croître en tant qu'individu, votre aspect financier est en train de mourir. Le brasseur d'affaires est naturellement curieux et anxieux de connaître, entre autres, comment fonctionne une entreprise, comment le droit fiscal peut s'appliquer en sa faveur et comment investir. En consacrant du temps à l'apprentissage des enjeux relatifs à l'argent, il reconnaîtra les occasions et sera plus en mesure de les qualifier lorsqu'elles se présenteront. Vous connaissez sans doute plusieurs personnes pauvres, le temps est maintenant arrivé de connaître les riches. Si vous voulez être riche, côtoyez les riches.

LA RAISON POUR LAQUELLE LA PLUPART DES PERSONNES DEVIENNENT DES ADEPTES DU MINIMALISME

L'on nous demande souvent comment l'attitude ancrée des adeptes du minimalisme est devenue aussi puissante. Voilà une question difficile. Au risque d'avancer des généralisations péremptoires, le système scolaire, les religions formelles et l'unité familiale ont tous été, en rétrospective, des forces « environnementales » clés servant à façonner l'attitude des enfants par rapport à l'argent et aux enjeux financiers connexes.

Le système scolaire moyen a pour mandat de préparer un important groupe d'enfants à vivre en société. Toutefois, les enfants ont des besoins différents et apprennent selon leur propre rythme. Malheureusement, la plupart des systèmes scolaires ne sont pas axés sur l'individu et doivent cibler la moyenne. L'indépendance se perd dans la mêlée et est remplacée par des « instruments de pensée » tels que : on doit suivre les règles, travailler dur, obtenir de bonnes notes, fréquenter une école de métiers ou une université, trouver un emploi, être bon travailleur, écouter docilement les propos du patron afin d'obtenir une promotion et finalement prendre sa retraite accompagnée d'une rente. Bon nombre d'écoles publiques présentent aussi une autre lacune, c'est-à-dire, elles omettent d'apprendre aux jeunes comment établir un budget, investir de l'argent ou démarrer leur propre entreprise. Certaines religions formelles et certains gouvernements sont aussi axés sur la masse plutôt que sur l'encouragement individuel. Tous ces facteurs donnent lieu à une attitude de minimalisme ancrée qui est transmise de génération en génération.

En règle générale, les riches ou comme nous aimons les nommer, les brasseurs d'affaires, fréquentent des écoles privées dont le programme d'études comprend la gestion financière, la pensée en dehors des sentiers battus et l'entrepreneurship. Ces élèves ont l'occasion d'interagir avec des pairs issus de familles dont les antécédents sont analogues. Les enseignants et les parents s'attendent à ce qu'ils soient les leaders de demain. Les écoles ont d'excellentes ressources et de faibles ratios élève/enseignant. Bref, tous, y compris l'élève, sont confiants que l'enfant réussira ou fera fortune. En outre, ils n'est pas étonnant que la grande majorité réalisent leur potentiel. Rappelez-vous l'exemple du chapitre 1 illustrant le pouvoir des attentes de l'enseignant sur le résultat des étudiants. Bref, les brasseurs d'affaires s'enrichissent tandis que les adeptes du minimalisme travaillent toute leur vie à survivre dans une mer de finances, s'accrochant au navire nommé S. B. F.

L'orientation que reçoivent les adeptes du minimalisme par opposition aux brasseurs d'affaires se résume ainsi : les familles des premiers encouragent les enfants à travailler pour une bonne entreprise tandis que les autres incitent leurs enfants à fonder une bonne entreprise. Les jeunes brasseurs d'affaires en herbe, lors des repas en famille, ne reçoivent aucun message relatif à la rareté. Ils grandissent au son de discussions d'abondance, d'acquisition de sociétés, de stratégies d'investissement, de méthodes de réduction d'impôts et d'occasions d'affaires ingénieuses. De telles idées de création de fortune dominent la pensée de ces jeunes et se concrétisent ultérieurement en une fortune réelle.

Les familles pauvres parlent de difficultés financières et de rareté ou ne discutent jamais d'argent avec les enfants. Par ailleurs, les familles riches croient que l'apprentissage financier commence à la maison. Les adeptes du minimalisme songent à la rareté en raison de leurs craintes, notamment la crainte de perdre leur emploi, la crainte que le prix du pétrole augmentera, la crainte que le locateur augmentera le loyer ou la crainte que la voiture ne tiendra pas jusqu'à la prochaine saison. La pensée liée à la rareté donne lieu à des comportements provisoires réactionnaires ou typiques de victimes plutôt qu'à des comportements à long terme qui sont dynamiques, typiques de vainqueurs, et qui caractérisent les brasseurs d'affaires. La première exigence à laquelle doivent répondre les brasseurs d'affaires en herbe est de supprimer toute attitude antérieure qui pourrait mettre en péril leurs plans relatifs à la fortune et de mettre en place les comportements nécessaires à cette fin, qui font d'ailleurs l'objet des chapitres 3 à 7.

La prochaine anecdote porte sur un homme qui échappe à cette pensée limitative. Alors que Denis voyageait à Singapore en 1995 dans le calendrier des allocutions et qu'il se promenait avec Graham, un collègue britannique, ils ont emprunté *Orchard Road*, le *Rodeo Drive* de Singapore. « Arrêté devant une boutique d'articles d'électronique nous avons rencontré un homme trapu gracieux, très amusant et enthousiaste, nommé Stéphane. Contrairement à ses voisins, il était à l'extérieur du magasin dans lequel il travaillait et saluait chaleureusement les passants, qu'ils soient intéressés par son magasin ou non. Nous avons plaisanté sur les sujets touristiques habituels, y compris la possibilité de visiter des endroits à l'extérieur de la ville qui nous permettraient de jouir du phénomène naturel unique de l'endroit.

Stéphane nous a suggéré de visiter le renommé Zoo safari de nuit qui résonne de la vie animale nocturne à tous les soirs. Comme Graham se désolait d'avoir laissé sa caméra à la maison, Stéphane lui a proposé une caméra d'utilisation simple à bas prix qui, avec la bonne pellicule et quelques trucs pour photographier en soirée, lui permettrait de prendre des photos mémorables. Capté par l'énergie et l'enthousiasme inlassables du vendeur, Graham a acheté la caméra et n'a pas été déçu des résultats promis.

« Six mois plus tard, de retour en raison d'une allocution, j'ai fait une autre promenade qui s'est avérée bien différente. La récente crise économique asiatique avait laissé une trace de pessimisme dans la pensée de la plupart des gens, plusieurs entreprises avaient fermé leurs portes ou avaient mis des employés en disponibilité et les autres attendaient l'aboutissement fatal. En tournant sur Orchard Road, un endroit se distinguait du ravage. Stéphane était à son poste habituel, débordant d'énergie nouvelle. Un mois plus tôt, son patron avait décidé d'arrêter les dégâts et d'abandonner sa boutique avant d'en être forcé. L'attitude de Stéphane était bien différente. Il a demandé l'avis de certains clients bien nantis qu'il connaissait, puis a pris une grande partie des ses économies de 15 ans, a payé un prix de vente au rabais pour l'entreprise et a assumé le loyer.

« Stéphane a perçu la crise économique de son pays comme une occasion rêvée pour les visiteurs de certains autres pays et s'est concentré sur la clientèle américaine et britannique. Il a installé une grande bannière affichant une balance dont le poids d'un grand signe de dollars américains faisait basculer la monnaie des pays asiatiques. Il a imprimé un dépliant publicitaire identifiant les 50 endroits à Singapore propices à la photographie, avec la permission de sa boutique, et les a distribués dans tous les hôtels de la région classés quatre ou cinq étoiles. Il a aussi pris l'habitude de lire les journaux américains et britanniques afin de mieux converser avec les visiteurs alors qu'ils parlaient de sports ou d'actualité. Ayant constaté cette réussite, je lui ai demandé comment il avait fait. La réponse de Stéphane a été simple mais très puissante. « Il faut être conscient de l'économie sans en être préoccupé. Le pessimisme est efficace pour vendre des journaux et empêcher les gens de dormir. Toutefois, il peut dissimuler des possibilités. La personne moyenne n'a peu ou aucun contrôle sur l'économie mais il peut contrôler sa propre économie s'il tel est son désir. J'ai décelé une possibilité et j'étais prêt à investir personnellement dans mon entreprise pour assurer mon succès.» »

À notre avis, Stéphane est un brasseur d'affaires qui, par son attitude, sa perspective indépendante et son engagement relatif à l'apprentissage, a tiré parti du pouvoir du magnétisme.

Imaginez une personne riche et prospère comme étant un aimant puissant, et vous, à cette étape, comme étant un trombone dans un contenant à trombones. Un trombone n'est pas magnétique, mais après avoir été retenu par un aimant pendant un certain temps, il capte un peu de la charge et peut effectivement attirer d'autres trombones. Plus la force magnétique est grande et plus l'exposition est longue, plus l'effet est énergisant. Le même phénomène s'applique au contexte humain. Nous en sommes témoins chaque fois que les gens quittent nos collègues. Vous en avez probablement été témoin à la suite du congrès annuel des ventes de votre entreprise. Les gens sont vigoureux et plus efficaces dans leur travail jusqu'à ce que l'impulsion s'estompe. Pour maintenir votre élan, vous devez constamment alimenter votre énergie. En côtoyant et en connaissant des personnes riches, la personne moyenne commence à penser et à agir comme elles et développe ses propres capacités d'enrichissement. Pensez à un match de tennis. Si vous jouez avec une personne moins talentueuse que vous, il vous sera difficile d'améliorer votre jeu. Lorsque vous jouez avec une personne plus habile, vous jouez avec plus d'ardeur ce qui vous permet de perfectionner votre jeu. La clé du succès en matière de magnétisme profitable à long terme est de s'associer aux brasseurs d'affaires, ainsi que de penser et d'agir comme eux.

> Règle no 1 : Vous devez connaître la différence entre un actif et une dette et vous procurer des actifs. Les personnes pauvres de classe moyenne accumulent des dettes qu'ils interprètent comme des actifs. Un actif met l'argent dans ma poche. Une dette retire l'argent de ma poche. [Traduction]
>
> – Robert T. Kiyoski
> Auteur de *Rich Dad, Poor Dad*

Il est bon, lorsque l'on pratique un sport, de connaître notre force en tant que joueur. Voici un résumé des principes présentés dans le présent chapitre qui vous aideront à classer votre attraction réelle à l'argent.

Première étape : Croyez-vous et êtes-vous à l'aise à l'idée que l'argent travaille pour vous et que vous en avez le contrôle, plutôt que le scénario inverse ?

Deuxième étape : Si votre réponse à la première étape était positive, vous êtes sur la voie qui vous permettra de forger votre capacité de magnétisme profitable. Si vous questionnez ce concept, vous devez trouver une solution sans quoi cela vous empêchera de devenir riche. Au besoin, retournez au chapitre 1 afin de déterminer ce qui, dans votre passé, vous empêche de décrocher de telles croyances limitatives.

Troisième étape : Examinez votre mode de vie actuel et demandez-vous s'il est conforme aux trois lois visant à devenir un brasseur d'affaires. Si vous ne vivez pas en fonction de chacune des trois lois, vous n'utilisez pas toutes vos capacités et vous devez vous concentrer sur les points faibles.

Les questions suivantes vous aideront à obtenir le meilleur « rendement » du présent chapitre, notamment :

1. Quelle est la différence entre un adepte du minimalisme et un brasseur d'affaires ?
2. Pourquoi est-il dans mon intérêt de devenir un brasseur d'affaires ?
3. Quelles attitudes particulières d'un adepte du minimalisme dois-je éliminer afin d'avancer en matière de finances ?
4. Quelles attitudes particulières du brasseur d'affaires dois-je adopter afin d'atteindre mes objectifs ?
5. Comment puis-je utiliser les trois lois visant à devenir brasseur d'affaires pour créer ma fortune ?
6. Quels sont les brasseurs d'affaires que je connais déjà et avec qui je dois passer plus de temps ?
7. Quels sont les brasseurs d'affaires que je dois chercher à rencontrer dans un avenir rapproché ?
8. Quel plan ai-je mis sur pied pour rencontrer ces brasseurs d'affaires et m'y associer ?
9. Pourquoi ces personnes voudront-elles s'associer à moi ?

10. Suis-je convaincu qu'à partir de ce moment, l'argent travaille pour moi et suis-je résolu à forger les comportements nécessaires à la création d'une fortune prestigieuse ?

La première section est maintenant terminée. À vrai dire, c'est peut-être l'étape la plus difficile car nous traitons d'une attitude avec laquelle vous vivez depuis un très jeune âge. Si vous avez accepté ces nouveaux principes, nous vous en félicitons. Vous avez dépassé la plupart de vos voisins et vous vous préparez à vivre une étape plus nouvelle et plus riche.

La prochaine section traite des comportements spécifiques visant à générer la fortune. Ces comportements seront relativement simples à mettre en place, pourvu que vous ayez déjà modifié votre attitude. Si l'adaptation de ces comportements entraîne des difficultés, vous devez alors retourner aux deux premiers chapitres. Si vous voulez vraiment réussir, vous devez gagner la partie à la section A – qui traite de l'attitude, avant de passer à la section B – qui traite des comportements et, ultérieurement vous devrez réussir cette dernière avant d'affronter la partie C – qui traite de la création.

Voici une autre anecdote visant à illustrer cette démarche. Installés dans un centre de villégiature depuis une semaine à écrire et à observer les gens s'amuser dans la piscine, nous avons remarqué un homme qui ne s'approchait jamais de l'eau. Une journée, nous lui avons demandé en passant s'il était « allergique » aux piscines. À la suite de quelques plaisanteries, il nous a avoué sa profonde et constante crainte de l'eau. Nous l'avions observé plus tôt à jouer une partie de volley-ball de plage, ce qui nous a permis de constater qu'il était physiquement capable de se rendre à la piscine, de retenir son souffle et de sauter dans l'eau. Ainsi, il pourrait facilement endosser un gilet de sauvetage et appliquer les techniques nécessaires pour se rendre à la piscine. Toutefois, il était incapable de se décider à plonger à l'eau. En tant que père, il observait ses enfants pratiquant la nage et était en mesure de leur offrir des critiques constructives. Voilà la différence entre le *savoir* et l'*état d'être*. Le *savoir* – avoir fait l'apprentissage – ajouté *l'application* des mesures appropriées donne lieu à l'*état d'être*. Cet homme connaissait les techniques de la nage tout comme vous êtes maintenant en mesure de reconnaître un brasseur d'affaires et d'en décrire les attributs. La question qui se pose est la suivante : Pouvez-vous en être un ou en d'autres mots, pouvez vous plonger à l'eau ?

Tout le savoir possible ne pouvait inciter cet homme à le faire. La lecture de tous les livres financiers au monde ne peut vous enrichir si vous êtes mentalement incapables de faire le saut. Pour la plupart des personnes, entrer dans une piscine est un geste aussi simple qu'il en est plaisant, elles n'y réfléchissent pas, elles le font tout simplement. Pour certaines personnes, économiser et faire de l'argent sont des activités innées, mais pour la plupart, cela n'est pas naturel. Voilà pourquoi nous avons tellement insisté sur l'importance de cette étape. Si vous êtes réellement prêt à *être riche*, l'adaptation des comportements identifiés dans les chapitres qui suivent sera facile et deviendra rapidement naturel. Sinon, vous devrez peut-être réapprendre à nager.

Deuxième section II

---…---

Bagage de comportements pour s'enrichir

3

LES COMPORTEMENTS GAGANTS

Vous connaissez peut-être l'expression : s'il ressemble à un canard, se dandine comme un canard et couac comme un canard, il y a de bonnes chances que ce ne soit pas un aigle, mais en effet, un canard. Si le canard veut fréquenter les aigles, il devra trouver le moyen de cadrer avec eux. Le même principe s'applique à la richesse. Si vous désirez vous enrichir, vous devrez être à l'aise dans le milieu des riches et en revanche, ils devront se sentir à l'aise avec vous. En d'autres mots, si vous participez à une réception officielle vêtu d'un jean et d'un t-shirt, vous ne cadrerez pas très bien et ne serez pas accepté d'emblée. Un touriste qui passe une semaine dans un centre de villégiature dans un pays des Caraïbes, peut croire qu'il connaît la réalité de cette culture, mais il est dans l'erreur. Pour connaître le milieu, il doit quitter le centre de villégiature et côtoyer les gens du pays. Si vous voulez être accepté de la population locale, vous devrez quitter l'aire de sécurité du centre de villégiature. Puis, vous devrez accepter d'affronter la nouvelle réalité. Ce n'est pas en leur imposant votre système de valeurs que vous gagnerez leur confiance. Plus vous les côtoyez et êtes ouvert avec eux, plus ils seront susceptibles de s'ouvrir à vous. Le même principe s'applique aux riches. Ils sont plus susceptibles de partager leurs plans d'épargne fiscale et leurs idées visant à générer l'argent auprès de personnes avec qui ils se sentent à l'aise.

En voici un exemple. Récemment, Denis a été invité à participer à un gala de collecte de fonds mettant en vedette le conférencier Bill Clinton, ancien président des États-Unis. C'était un événement mondain important, attirant plusieurs commanditaires de premier ordre et des centaines de personnes représentant tous les aspects de l'élite sociétal. Les partisans de l'organisme caritatif pour les enfants pouvaient assister au souper-conférence au coût de 350 $ par personne, ou assister au souper et jouir d'une réception privée avec M. Clinton au coût de 1 000 $. « Lorsque je suis entré dans la grande salle de bal, j'ai rencontré un homme dans la quarantaine très affairé à diriger les gens aux bons endroits. Il s'appelait Manuel et, comme je l'ai appris plus tard, il était courtier immobilier indépendant depuis 16 ans, spécialisé dans le marché immobilier moyen. Bien qu'il ait réussi, il trouvait difficile de percer dans le milieu du marché plus prestigieux, sa vraie passion. La première fois qu'il a entendu parlé de la soirée, il a pensé à l'extraordinaire clientèle qui y participerait et s'est mis à chercher des moyens de se mêler à ce groupe de riches. Il pouvait payer le droit d'entrée de 350 $, mais craignait ne pas cadrer avec les prestigieux invités.

« Il a décidé d'approcher la compagnie de gestion responsable de la soirée et d'offrir ses services comme bénévole. D'abord, il a du communiquer avec les médias secondaires pour obtenir gratuitement la couverture de la soirée, car les principaux médias tels que les journaux, la radio et les stations de télévision étaient déjà inscrits comme commanditaires. Faisant appel à son expérience de vente antérieure auprès des différents marchés ethniques, Manuel a communiqué avec des décideurs clés et les a convaincus du mérite de l'activité en raison de la participation de M. Clinton en plus du fait qu'un organisme caritatif local important en était le bénéficiaire. Pendant plusieurs mois, Manuel a établi des liens avec plus d'une douzaine de propriétaires de médias indépendants. Les organisateurs étaient très heureux des résultats et en retour, l'ont invité à les aider le soir du gala.

« Son rôle principal était d'accueillir les invités dès leur arrivée, de les diriger vers l'aire d'inscription appropriée et de les accompagner à leur siège réservé. Manuel pouvait ensuite se joindre aux autres invités et participer au réseautage avant le repas. Au souper, il a eu l'occasion d'être à la table d'un couple qui cherchait en vain une maison plus grande au bord de l'eau. Se rappelant une conversation avec le propriétaire d'un journal indépendant ethnique prospère de la région qui, en tant que parent face au nid vide cherchait une maison moins grande, Manuel a proposé de les aider. À la description de la maison, le couple lui a donné leur numéro de téléphone et lui a demandé de communiquer avec eux dès le lendemain. Manuel prévoyait approcher l'éditeur relativement à une visite et, à titre incitatif, lui offrir d'échanger une partie de ses honoraires pour de la publicité dans son journal, ce qui augmenterait son exposition médiatique et sa crédibilité dans ce marché ethnique particulier. Nous n'avons jamais connu le dénouement, mais Manuel reçoit la médaille d'or pour sa créativité et son initiative.

« Mes trois collègues et moi-même partageaient une table avec un vice-président des ventes, un investisseur en capital-risque, un couple propriétaire d'une entreprise d'importation et d'exportation internationale ainsi qu'une femme seule nommée Claire. Claire et moi avons parlé d'actualité, des enjeux relatifs aux enfants et de l'effet de la présente soirée sur l'organisme caritatif local. J'étais impressionné qu'une personne aussi jeune fasse preuve d'autant de maturité et de sagesse que l'on retrouve habituellement chez des personnes beaucoup plus âgées. Plus tard, j'ai été très surpris d'apprendre qu'elle était étudiante à temps complet. Intrigué, j'ai voulu savoir ce qui l'avait motivée à dépenser 350 $ pour participer à une telle activité. Elle m'a dit qu'elle avait pris connaissance de l'activité de financement par le biais de son journal communautaire local et qu'elle croyait que cela serait une excellente occasion d'entendre la présentation de M. Clinton, un homme qu'elle respectait depuis bon nombre d'années. Cela lui a aussi donné l'occasion de rencontrer des personnes d'influence tout en aidant une cause locale qui lui tenait à cœur. Elle a aussi admis qu'à la lumière de son budget d'étudiante, ce fut un véritable tour de force de payer les droits de 350 $.

« Elle était à sa dernière année d'études au programme de services aux enfants. Elle rêvait de démarrer sa propre entreprise d'experts-conseils en fonction du modèle qu'elle avait élaboré visant à mettre en place des garderies « clé en main » à l'intention des entreprises. Elle visait à ce que la garderie soit un outil de maintien ou de motivation de l'effectif tout en offrant un milieu éducatif solide, sécuritaire et chaleureux pour les enfants. Je lui ai demandé quelles étaient ses attentes relativement à la soirée. Elle m'a répondu qu'elle voulait mieux comprendre la façon dont les personnes riches agissaient, pensaient, échangeaient et pratiquaient le réseautage. Elle voulait aussi obtenir leurs opinions des garderies. Toutefois, elle m'a confié qu'elle se sentait intimidée et qu'une partie de son esprit croyait qu'elle avait « pris une trop grande bouchée».

« Quelques moments plus tard, du coin de l'œil, j'ai aperçu un ancien client qui était directeur des ressources humaines d'une société prospère de la région. Je lui ai fait signe de s'approcher. Après avoir échangé quelques plaisanteries, je lui ai présenté Claire. Ils ont conversé brièvement et ont fixé un rendez-vous afin d'obtenir des précisions. Après son départ, Claire m'a dit : « Vous m'avez joué un vilain tour, je n'étais nullement préparée à parler à cet homme », et j'ai répondu : « À mon avis, vous vous êtes bien débrouillée et avez présenté un argument probant par rapport à votre modèle. Vous n'étiez peut-être pas aussi bien préparée que vous ne l'auriez souhaité, mais lorsque l'occasion se présente, il faut être prêt à la saisir. Rappelez -vous ce dicton lorsque vous emprunterez de nouveaux comportements : « Il faut parfois jouer la comédie pour y arriver ». »

> Sans renouvellement constant, il vous sera
> probablement impossible de vous adapter à
> la réalité de votre univers. [Traduction]
>
> – William G. McGowan
> Fondateur et président, MCI

Cette anecdote illustre bien l'immersion réelle, une technique selon laquelle une personne se place dans une situation ou un milieu qu'elle désire comprendre davantage. Dans les exemples ci-dessus, Claire et Manuel se sont mêlés aux personnes riches afin de mieux les connaître, de se sentir plus à l'aise avec eux et en bout de ligne, de devenir riches eux-mêmes. Chacun avait un objectif précis en tête et le gala était un moyen de l'atteindre. Ils sont tous deux des brasseurs d'affaires qui ont imaginé des moyens ingénieux de s'intégrer dans un milieu propice à leur croissance personnelle et à celle de leur entreprise.

Un autre exemple de l'immersion réelle est l'histoire d'un propriétaire de librairie qui s'aperçoit qu'il se fait voler des livres. Il met à l'essai diverses méthodes pour y remédier, y compris l'installation de barrières électroniques, l'affichage d'avis indiquant aux voleurs à l'étalage qu'ils seront poursuivis en justice, la vérification de l'intégrité de ses employés et la mise en place d'une politique selon laquelle tous les sacs à provisions sont vérifiés au comptoir. Malgré ces démarches, il lui manque toujours des livres. Il décide alors d'utiliser la technique de l'immersion réelle pour régler son dilemme et embauche un voleur à l'étalage professionnel comme conseiller. Ce dernier visite la librairie avec le propriétaire et lui indique les endroits exposés au vol. Dans l'exemple présent, le propriétaire a solutionné son problème de vols en apprenant à penser comme un voleur à l'étalage. Cette technique, non celle de voler à l'étalage, s'applique à l'enrichissement. L'une des premières étapes à franchir pour faire fortune consiste à comprendre comment les gens riches pensent et agissent.

Avant d'aller plus loin, nous devons souligner que l'immersion réelle ne devrait jamais viser à prendre avantage d'une autre personne ou à placer le poids et la responsabilité du succès sur les épaules d'une autre personne. Cette technique vise plutôt à apprendre et non à prendre des personnes prospères. Ce n'est pas une méthode psychologique « Robin des bois » contemporaine selon laquelle les pauvres volent les riches ! En réalité, les deux parties tirent profit de l'expérience.

LES AVANTAGES DE FRÉQUENTER LES PERSONNES RICHES

Nous offrons une conférence et une émission de télévision axées sur l'accroissement de la confiance en soi chez les adolescents. Elles comportent un slogan qui dit : « Si vos amis et vos associés sont des personnes négatives, ne tirez pas votre révérence, FUYEZ ! «. Nous ne vous proposons pas de fréquenter les personnes prospères en vue d'en prendre avantage. Nous visons plutôt à ce que la fréquentation des personnes riches par opposition aux pauvres vous incite davantage à accumuler une fortune.

N'oubliez pas de garder un sens de la mesure. Certaines personnes riches vivent uniquement dans le but d'accumuler plus d'argent et vous aideront peut-être à atteindre votre objectif. Par contre, certains de vos amis plus pauvres ont possiblement laissé tomber la quête de l'argent en faveur de valeurs familiales et communautaires plus solides. À notre avis, le vrai bonheur est un mariage de toutes les perspectives.

Lorsque vous prévoyez fréquenter des personnes riches, vous devez d'abord déterminer le genre de personnes riches avec lesquelles vous désirez vous associer, puis, vous devez tenter de communiquer avec elles. À première vue, les personnes riches semblent réservées, distantes ou prudentes au moment où elles sont approchées des étrangers. Elles agissent de cette façon pour se protéger des personnes qui veulent prendre avantage d'elles ou profiter de leur argent. Au fil des années, nous avons demandé à nos amis et clients prospères ce que leur demandaient les adeptes du minimalisme et la réponse a toujours été la même : « Ces personnes veulent que je leur achète quelque chose,

que je leur prête de l'argent ou que je leur donne un emploi ». Elles
affirment qu'en règle générale personne ne leur demande comment
elles ont fait fortune ; ni de partager le plus précieux de leurs actifs,
notamment le savoir.

Par les années passées, nous avons tenté d'apprendre à connaître
les personnes riches et leurs histoires. L'établissement de telles relations
entraîne un sentiment de confiance. Dès que ces personnes réalisent
que nous voulons uniquement leur amitié et que nous cherchons à
comprendre ce qu'elles ont appris, elles sont heureuses et plus
communicatives. Bref, la plupart des personnes s'intéressent
uniquement à la fortune de ces personnes, tandis que nous voulons
savoir *comment* ils ont fait leur fortune.

> Le moyen idéal et le plus rapide pour faire fortune
> consiste à éclairer les gens de façon à ce qu'ils
> réalisent qu'il est dans leur intérêt de promouvoir la
> vôtre.
>
> – Jean de La bruyere

Si vous prévoyez fréquenter davantage les personnes prospères,
vous devez apprendre le langage de la fortune. Voici quelques
suggestions.

La lecture vous enrichit

La lecture de livres de commerce et d'autres sources d'information
vous permettra d'apprendre et de comprendre ce que pensent les
personnes riches, ce qu'elles mangent et ce qu'elles respirent. Une très
grande partie de ces renseignements vous est offerte gratuitement ou à
très bas prix. Pour obtenir toute une gamme d'idées relatives à
l'enrichissement vous n'avez qu'à investir quelques heures de votre
temps, payer le prix au numéro d'un livre, vous procurer une carte de
bibliothèque ou consulter l'information illimitée qui vous est offerte
dans Internet. Engagez-vous à faire 30 minutes de lecture par jour, cinq
jours par semaine. (Si vous n'avez pas suffisamment de temps, tentez
de regarder une heure de télé de moins par jour.) Cela représente, selon
une vitesse de lecture moyenne, douze livres par année. Si vous prenez
en compte que l'adulte moyen lis moins d'un livre de littérature non
romanesque par année, il est évident que vous aurez rapidement acquis
un avantage sur la majorité de la population.

Lisez les sections sur le rythme des affaires dans les journaux qui sont lus par les riches

Le *Wall Street Journal*, le *New York Times*, le *LA Times, le Economist*, le *Asian Wall Street Journal* ou le *Financial Times* en sont des exemples. S'il est difficile de vous procurer ces journaux dans votre communauté ou si le style d'écriture ne vous épate pas, vous pouvez toujours commencer par lire la section financière ou la section sur le rythme des affaires de votre journal local.

La liste qui suit comprend les adresses URL des sites Web offrant un trésor de renseignements financiers gratuits. Ils comprennent toute une gamme, allant des sites pragmatiques et faciles à des sites très exhaustifs et sophistiqués.

www.coolfreebielinks.com
www.servercc.oakton.edu/~wittman/find/finance.htm
www.stock.com
www.net1000.net
www.standard&poor.com
www.scholarstuff.com
www.hoovers.com
www.globeinvestor.com
www.imoney.com
www.investorhome.com
www.sedar.com
www.stockpoint.com

L'annexe 1 comprend une liste de livres qui vous seront peut-être utiles.

Participation à des séminaires et à des ateliers sur l'enrichissement

Voilà une autre méthode d'apprentissage rapide dont vous pouvez bénéficier à partir de l'expertise des autres, et qui vous offre l'unique avantage de pouvoir poser des questions appropriées à vos besoins. Étant une activité interactive, elle génère, parmi l'auditoire, une énergie positive qui incite à prendre action. Le troisième avantage, et dans bien des cas le plus important, est que ces activités rassemblent bon nombre de participants animés des mêmes idées, ce qui facilite le réseautage entre homologues

Adhésion à des clubs ou à des associations professionnelles

Ces clubs sont des forums permettant aux personnes animées des mêmes idées de se rencontrer afin d'échanger et de profiter de l'encadrement offert par des experts. Pour plus de renseignements sur notre Club Fortune, visitez notre site Web à www.abcsofmakingmoney.com.

Examinez la possibilité de vous inscrire à « l'Université Black Tar »

Un nombre incalculable de migrants journaliers perdent du temps à faire la navette entre leur domicile et leur lieu de travail. Laissez un livre sonore financier (certaines bibliothèques les offrent gratuitement) vous tenir compagnie dans l'auto ou l'autobus. Ces audiocassettes ou CD vous offrent un apprentissage sur l'enrichissement alors que vous faites la navette.

Créer votre propre équipe de cerveau-direction axé sur la fortune

Ce groupe mutuellement profitable réunit régulièrement des personnes de même mentalité leur permettant d'échanger leurs idées et leurs stratégies afin d'atteindre leurs objectifs financiers respectifs. Ce groupe peut se composer d'amis, de parents, de voisins, de collègues, etc. L'on doit toutefois se rappeler que chaque personne doit être pleinement engagée à la réalisation de ses objectifs personnels et collaborer en tout point avec les autres membres de l'équipe.

Examiner le concept : Ensemble, nous apprenons à nous enrichir

À chaque semaine, par rotation, une personne d'un groupe, par exemple un groupe cerveau-direction, présente un aspect de l'enrichissement qui a fait l'objet de sa recherche. Cela peut porter sur un livre qu'elle a lu, un séminaire auquel elle a participé ou une réponse réfléchie à toute question pertinente ayant intéressé le groupe. Plus la personne dévoue de temps et d'énergie à la préparation de sa présentation, plus elle et le groupe avanceront.

Définition des objectifs

Le lien entre la définition des objectifs et la réalisation de la fortune

La plupart des personnes, sauf celles qui sont « présentement en attente de possibilités », sont plus affairées que jamais. Malgré toutes les nouvelles technologies épatantes conçues dans le but de nous faire épargner du temps, toutes les personnes que nous connaissons ont moins de temps qu'elles n'en avaient antérieurement. Il semble que nous roulons à un rythme casse-cou dès la sortie du lit jusqu'à ce que nous posions la tête sur l'oreiller 18 heures plus tard. Nous sommes, en tant que société, privés de sommeil et exposés à un niveau élevé de stress. Les maladies du cœur et d'autres de ce genre sont à la hausse et les amitiés en souffrent. Même les enfants manifestent des signes alors qu'ils font la navette d'un parent à l'autre et qu'ils participent à diverses activités extrascolaires. Il est presque impossible de prendre un temps d'arrêt. Sommes-nous plus avantagés ? La plupart répondront que non et iront peut-être jusqu'à dire que la situation est moins intéressante qu'il y a 10 ans. Bref, nous sommes beaucoup plus affairés et réalisons beaucoup moins.

Les personnes riches comprennent que l'activité ne suffit pas. La productivité, voilà la clé. Elles ne travaillent pas plus dur, elles travaillent plus intelligemment et elles sont plus productives dans leur domaine choisi. Une des caractéristiques des personnes fortunées consiste à savoir ce qu'elles veulent dans la vie et les moyens pour y arriver.

Comme nous l'avons énoncé au chapitre 1, il est impossible de frapper une cible que l'on ne peut voir. Il existe une importante nuance entre le désir d'obtenir de l'argent et la mise en place d'un plan d'action visant à atteindre cet objectif. Cela ne prétend pas que la plupart des personnes sont dépourvus d'objectifs, mais bien que ces objectifs ne visent pas assez haut. En règle générale, les objectifs sont limités et tendent à maintenir un emploi actuel, à obtenir une minime augmentation de salaire à la fin de l'année ou une promotion la prochaine fois que l'occasion se présentera. Bien que ces objectifs soient louables, ils pourraient être améliorés car ils immobilisent les personnes en une structure fondamentalement défectueuse selon laquelle elles doivent travailler pour quelqu'un d'autre. Le seul avantage que vous procurera une augmentation de salaire ou une promotion sera de faire avancer la roue plus rapidement.

Nous ne prétendons pas que les gens ne savent pas fixer des objectifs ; à peu près toutes les personnes ont, par le passé, fixé et atteint bon nombre d'objectifs. Tous ont voulu acheter une voiture, s'offrir un ensemble spécial, obtenir un certain emploi ou rencontrer un compagnon ou une compagne. Ces objectifs ont été réalisés. Nous vous proposons maintenant de lever la barre un peu plus haut et de peaufiner vos objectifs. Vous ne pourrez jouir de l'or si vos objectifs sont faits de bronze ou d'étain.

Pourquoi fixer des objectifs d'enrichissement ? Qu'en retirerez-vous ?

1. Cela vous oblige à vous concentrer sur des actions précises qui vous permettront d'atteindre les buts visés.
2. Cela vous permet de déceler toute faiblesse que vous devrez corriger avant de toucher au succès.
3. Cela convertit les rêves en réalité.
4. Cela vous contraint à être responsable de votre succès.
5. Cela vous permet, lorsque l'occasion se présente, d'être plus en mesure de reconnaître sa valeur et d'en tirer profit.
6. Cela vous aide à organiser les activités quotidiennes de façon à ce qu'elles soient des plus rentables.
7. Cela augmente vos chances d'atteindre l'objectif.

Si la clé du succès consiste à fixer des objectifs d'enrichissement, pourquoi si peu de gens empruntent-ils cette démarche ?

Il existe quatre raisons communes pour lesquelles la plupart des gens ne fixent pas d'objectifs d'enrichissement. D'abord, les gens ne reconnaissent pas le pouvoir redoutable de l'établissement des objectifs dans le contexte de la création de la fortune. En deuxième lieu, les gens ne savent pas efficacement fixer des objectives d'enrichissement. Après tout, cela ne fait pas partie du programme d'enseignement. Par conséquent, la plupart des personnes tentent maladroitement d'effectuer ce processus étranger sans beaucoup de succès.

En troisième lieu, toute personne craint la critique et le rejet de ses proches. Souvent, le brasseur d'affaires en herbe qui fixe un objectif d'enrichissement difficile et qui le partage avec un membre de la famille ou un ami, n'en est que démoli par des remarques telles que : « tu ne peux faire cela », « Pour qui te prends-tu, tu ne peux apprécier ce que tu as déjà ? ». Les personnes qui émettent de telles réflexions ne veulent pas nécessairement être méchantes, mais comme leur zone de sécurité financière est en conflit avec l'objectif, elles articulent leur malaise en le critiquant ou en le rejetant. Si vous vous retrouvez dans une telle situation, rappelez-vous que la difficulté est la leur et non la vôtre et qu'elle ne deviendra vôtre que si vous donnez de l'importance à leurs idées.

Enfin, la crainte de l'échec et de la déception représente la plus commune et la plus fatale des quatre raisons pour lesquelles des objectifs d'enrichissement ne sont pas fixés ; la crainte de l'échec étant la plus puissante. La crainte de l'échec a empêché des millions de personnes de vivre et de jouir du mode de vie dont elles rêvent. Cette crainte de l'échec est souvent appelée le syndrome de la « simulation ».

Il est souvent difficile de fixer des objectifs valables et d'autant plus satisfaisant de les atteindre. Les objectifs doivent être P. E. N. S. É. S. C'est-à-dire, ils doivent être spécifiques, évaluables, négociables, songés, en temps opportun et sérieux.

Par exemple, plusieurs années passées, Alan a rencontré Debbie en Angleterre. « Elle faisait partie du personnel de soutien dans un bureau. Elle adorait la mode, malgré qu'elle puisse rarement se permettre de satisfaire ses goûts. Elle a reconnu que ce qui l'empêchait d'avancer était qu'elle ne pouvait s'offrir les « costumes de pouvoir » que portaient ses patrons. Elle a décidé de régler la question et s'est fixé comme objectif d'avoir de nouveaux vêtements à l'intérieur d'un an. Elle s'est mise gaiement à chercher, a dressé une liste de quatre costumes qu'elle pouvait associer et accessoiriser de manière à créer sept ensembles différents. Le coût serait d'environ 2 500 $.

« Elle a déniché une jolie boutique qui offrait la meilleure sélection pour répondre à ses besoins et songeait à une vente à terme afin de formaliser ses économies. Tout en bavardant avec la propriétaire, Debbie a appris que cette dernière était à la recherche d'un commis de bureau. Ne ratant jamais une occasion, Debbie lui a proposé un marché qui serait avantageux pour les deux parties. La fin de semaine, Debbie travaillerait à la boutique et effectuerait des tâches qu'elle considérait faciles. En tant qu'employée, elle jouirait d'un rabais de 30 % à l'achat de vêtements qu'elle payerait en remplacement d'un salaire. Son initiative lui a permis d'atteindre son but en six mois et en prime, elle a affecté les fonds prévus au départ pour les vêtements à un plan d'épargne ».

Le succès de Debbie est en partie attribuable au fait que son objectif répondait à tous les critères du test P.E.N.S.É.S.

Les huit étapes pour fixer un objectif

1. Déterminer l'objectif d'enrichissement en termes de P. E. N. S. É. S.
2. Fixer une date limite à laquelle vous prévoyez réussir.
3. Analyser votre état actuel par opposition à votre objectif.
4. Identifier les *raisons* qui vous motivent à réaliser cet objectif et les *avantages* que vous en retirerez.
5. Identifier les obstacles et les défis que vous devrez surmonter.
6. Identifier les personnes qui pourront vous aider.
7. Identifier les connaissances et les habiletés que vous devrez acquérir ou développer davantage.
8. Prendre un engagement par rapport au plan d'action et effectuer des rappels quotidiens, hebdomadaires et mensuels.

Utilisez la méthode de visualisation et d'affirmations pour vous aider. N'oubliez pas, soyez tenace, n'abandonnez pas. Apprenez de vos reculs, soyez concentré et positif. Soyez discipliné.

La feuille de travail suivante est intitulée Feuille de travail relative aux objectifs d'enrichissement. Nous vous suggérons de ne pas écrire directement dans le livre et d'utiliser la feuille comme copie maîtresse aux fins de photocopies. Une nouvelle copie devrait être utilisée pour l'établissement et la réalisation de chaque objectif.

Feuille de travail relative aux objectifs d'enrichissement

L'objectif d'enrichissement particulier que je réaliserai est...

Je réaliserai cet objectif d'ici à (date précise)...

Ma situation actuelle par rapport à cet objectif est...

Je sais pourquoi je veux atteindre cet objectif. C'est parce que...

Comment puis-je atteindre cet objectif ?

Afin d'atteindre mon objectif, je devrai surmonter les obstacles et affronter les défis suivants...

Afin d'atteindre mon objectif, j'aurai besoin de l'aide des personnes suivantes...

Afin d'atteindre mon objectif, je devrai acquérir les connaissances et les habiletés suivantes...

Je m'engage à suivre les étapes suivantes pour réaliser mon objectif...

Échantillon de la feuille de travail
relative aux objectifs d'enrichissement

L'objectif d'enrichissement particulier que je réaliserai est...

D'économiser un fonds d'urgence de trois mois de 5 000 $

Je réaliserai cet objectif d'ici à (date précise)...

Dans 24 mois à compter d'aujourd'hui
Ma situation actuelle par rapport à cet objectif est...

Ma rémunération après impôts est 1 700 $. Je dois aussi 300 $ sur ma carte de crédit.

Je sais pourquoi je veux atteindre cet objectif. C'est parce que...

Je veux vivre sans crainte de perdre mon emploi.

Comment puis-je atteindre cet objectif ?

Afin d'atteindre mon objectif, je devrai surmonter les obstacles et affronter les défis suivants...

La modification de mes habitudes relatives aux dépenses afin d'économiser 200 $ par mois.

Afin d'atteindre mon objectif, j'aurai besoin de l'aide des personnes suivantes...

Mon conjoint ou partenaire afin d'encourager et de soutenir mes actions. Mon patron qui déposera directement 100 $ de ma paye (bimensuelle) dans un compte d'épargne que j'aurai mis sur pied.

Afin d'atteindre mon objectif, je devrai acquérir les connaissances
et les habiletés suivantes...

Examiner les fonds communs de placements qu'offre ma banque.

Je m'engage à suivre les étapes suivantes pour réaliser
mon objectif...

Couper mes cartes de crédit de grands magasins.

*Apporter ma « boîte à lunch » au travail au moins une fois
par semaine.*

Plan d'action relatif à l'enrichissement

Objectif : *Mettre sur pied un fonds d'urgence de trois mois.*

Jour un : *Discuter de l'objectif avec le partenaire ou
le conjoint.*

Jour deux : *Approcher mon patron relativement à une
déduction salariale.*

Jour trois : *Aller à la banque, obtenir les renseignements
relatifs aux fonds de placement.*

Jour quatre : *Visiter la banque avec mon partenaire ou mon
conjoint afin d'ouvrir un compte d'investissement.*

Jour cinq : *Apporter ma « boîte à lunch » au travail. Après
le repas, procéder à la cérémonie de coupure des
cartes de crédit.*

Jour six : *Revoir les réalisations de la dernière semaine
et célébrer.*

Day Seven: *Journée de repos.*

> **2ᵉ semaine :** *Utiliser le transport public ou demander à un collègue de voyager avec lui au moins une fois par semaine afin d'économiser sur les coûts de l'essence et du stationnement.*
>
> **3ᵉ semaine :** *Trouver d'autres mesures pour réduire les coûts.*
>
> **4ᵉ semaine :** *Revoir les efforts du mois passé et réviser le plan du mois à venir au besoin. Célébrer les réussites à ce jour.*

Récapitulons le présent chapitre. Au point de départ, nous présumons avoir abandonné nos anciennes convictions limitatives par rapport à l'enrichissement et nous prenons notre place en tant que brasseur d'affaires. La présente section vise à ce que notre bagage de comportements corresponde à celui des riches. Notre attitude doit se refléter dans nos comportements quotidiens. Certains comportements seront difficiles au début, mais cela n'est peut-être pas si mauvais. Si l'objectif est atteint trop facilement, le sentiment de satisfaction sera minime. Cependant, s'il exige un peu d'effort, cela indique que vous laissez votre zone de sécurité, et que votre âme grandit. S'il vous est très difficile de démarrer, ne vous inquiétez pas, ce n'est pas une course. Vous devez trouver le rythme qui vous convient, sans exagérer bien entendu. Si cela vous semble impossible et que vous songez à abandonner, relisez la première section qui porte sur l'attitude afin de vous assurer d'avoir renoncé aux convictions limitatives par rapport à l'enrichissement qui vous empêchent d'avancer.

Rappelez-vous la ténacité. Si vous êtes constamment en perte de vitesse, que la procrastination vous sourit et que l'autodiscipline est en « retrait », une révision rapide de votre feuille de travail relative à l'enrichissement survoltera votre engagement. Si rien ne semble vous aider, votre objectif n'est peut-être pas aussi important qu'il ne l'était. La vie change. Soyez sans crainte, poursuivez votre démarche, fixez un nouvel objectif.

Voici un résumé des questions importantes à poser avant de passer au chapitre 4, Agir modestement, vous enrichir plutôt que d'enrichir les autres.

1. Qu'est-ce que l'immersion réelle ?
2. Comment l'immersion réelle du concept « jouer le jeu jusqu'à la victoire » peut-elle m'aider ?

3. Quels sont les livres, les revues, les journaux, etc. que je prévois lire pour m'aider à faire fortune ?

4. Quels sont les séminaires ou les ateliers d'enrichissement personnel auxquels je participerai dans le but de faire fortune ?

5. Qui peut m'aider à attirer une équipe de cerveau-direction ?

6. Pourquoi établir des objectifs d'enrichissement ? Quel sera l'avantage pour moi ?

7. Quels objectifs P.E.N.S.É.S. dois-je fixer et réaliser pour réussir ?

8. Quand prendrai-je l'engagement de réaliser mon plan d'action relatif à l'enrichissement ?

Maintenant que vous axé vos efforts sur vos objectifs et que vous avez commencé à prendre des mesures pour les réaliser, vous devez examiner les comportements particuliers que vous devrez modifier.

En plus de tenter d'atteindre des objectifs réalistes, la personne prospère sait comment faire fructifier l'argent qu'elle a déjà. Au chapitre 4, vous apprendrez que vivre modestement en vue de s'enrichir n'est pas nécessairement un processus douloureux.

AGIR SOBREMENT
vous enrichir
plutôt que d'enrichir les autres

Plusieurs croient que l'argent peut résoudre tous les soucis financiers. Nous avons souvent entendu l'expression : « Une augmentation de 10 % réglerait tous mes problèmes ». Malheureusement, la plupart des personnes vivent au-delà de leurs moyens. Elles réussissent à dépenser environ 10 à 15 % de plus que leurs revenus. Quelqu'un nous a déjà énoncé d'un ton un peu moqueur, « peu importe que vous gagniez 100 $ par semaine ou 1 000 $ par semaine, vous serez toujours à court de 38 $ à la fin du mois. C'est une loi universelle ». L'endettement des consommateurs américains a atteint le plus haut niveau de l'histoire et le montant total d'encours de dettes sur les cartes de crédit est plus élevé qu'il n'a jamais été. Il est cependant intéressant de noter qu'une grande partie de la population s'est tournée vers l'emprunt pour financer les contributions au régime de retraite.

Quiconque jouit d'une promotion ou d'une augmentation de salaire, crée rapidement un nouveau mode de vie et une fois de plus, vit au-delà de ses moyens. Cela peut devenir ce que l'on a nommé le labyrinthe de l'adepte du minimalisme, qui auparavant était connu comme « vendre son âme à l'économat ». Dans plusieurs cas, les sociétés paient leurs employés juste assez d'argent pour s'assurer qu'ils ne chercheront pas à travailler ailleurs. Alors que ces employés poursuivent leur travail, la société les récompense en leur offrant des promotions et des augmentations de salaires minimes. La situation est

aggravée par les pressions culturelles du milieu des affaires incitant
l'employé à acheter des vêtements plus dispendieux, de voitures plus
luxueuses et des maisons plus grandes, comme il convient à des
personnes cadres. Le labyrinthe se forme alors que les personnes
perdent leur indépendance. Elles ne peuvent se permettre de laisser
leur emploi et le mode de vie qui s'ensuit ni prendre congé pour mettre
de l'ordre dans leur vie.

Toutes les personnes riches connaissent la valeur de l'autodiscipline
en matière de dépenses. Elles comprennent l'importance du délai de
gratification par rapport aux dépenses. Ces personnes ne perçoivent pas
l'épargne comme un processus pénible. Elles le voient plutôt comme
une dépense retardée. Les personnes prospères sont d'avis qu'il faut
d'abord mettre de l'ordre dans sa propre situation financière, puis viser
à mieux vivre et à vivre plus intelligemment avec le revenu existant
plutôt que de viser à augmenter ce revenu.

Tout autour de vous, on vous incite à dépenser davantage. En effet,
l'économie est fondée en partie sur ce principe. Les médias sont les
premiers responsables de l'endoctrinement du public, les incitant à
croire que les personnes riches dépensent généreusement et que si vous
ne succombez pas au piégeage matériel de la richesse, vous n'êtes pas
véritablement riche. Certaines émissions de télévision sont entièrement
fondées sur la gratification instantanée. Les émissions auxquelles nous
faisons allusion sont les jeux-questionnaires où les membres de
l'auditoire ont l'occasion de remporter toute une gamme de prix
présentés en un joli format. Le téléspectateur est attiré par le fait
qu'une personne comme lui puisse remporter un bateau, une voiture,
un gros appareil de ménage, des vacances ou de l'argent en moins
d'une heure et sans trop d'effort. Ce genre d'émission intéresse
vivement la moyenne des personnes car elles répondent à leur besoin
fondamental de gratification instantanée. Si l'émission était repensée en
fonction des brasseurs d'affaires, les prix offerts seraient plutôt des
bourses de frais de scolarité, des subventions pour démarrer une
entreprise ou un repas gratuit en compagnie de votre mentor préféré
dans le domaine de l'enrichissement. Cette émission capterait
l'attention des brasseurs d'affaires, cependant ces derniers regardent
très peu de télévision et lorsqu'ils le font, ils s'intéressent plutôt aux
documentaires, aux nouvelles et occasionnellement aux comédies de
situation ou aux émissions dramatiques. Ainsi, ce genre d'émission
serait rapidement retiré de l'antenne.

Thomas J. Stanley et William D. Danko ont passé la plus grande
partie de leur vie à étudier les habitudes quotidiennes de millionnaires
fils de leurs œuvres et les résultats de leur recherche démontrent bien le

comportement modeste adopté par tous les riches. Ils ont déterminé que 75 % des millionnaires américains n'ont jamais dépensé plus que 599 $ pour un complet, 199 $ pour une paire de souliers et 1 125 $ pour une montre. Qui, alors achète tous ces articles de mode ? Ce sont les adeptes du minimalisme, jouissant d'un revenu allant de moyen à élevé, qui achètent tous ces articles (généralement à crédit). Ils veulent paraître riches et par le fait même, n'ont jamais d'argent pour investir dans des biens qui permettent réellement de générer des revenus.

Il est temps d'apprendre à moins dépenser, un comportement qui, pour la plupart, est inhabituel. Cela semble très étrange et risque d'être douloureux. Comme vous le constaterez, cela ne sera pas nécessairement le cas.

Les meilleurs modèles du comportement modeste sont les aînés, surtout ceux pour qui les années de formation ont eu lieu pendant la grande crise. Le sentiment selon lequel on retourne à l'essentiel, on se serre la ceinture, on économise en cas d'urgence est aussi vif dans leur esprit qu'il a des décennies. Cette génération comprend clairement la différence entre les « désirs » et les « besoins ». Elles sont, en un sens, les héros méconnus de la modestie.

Bon nombre de gens confondent le revenu avec la fortune. *Vous gagnez un revenu et vous accumulez une fortune.* Les personnes pauvres ou à revenus moyens passent leur vie à travailler pour gagner de l'argent et acheter des articles qui les font paraître riche, mais qui ne génèrent pas d'argent.

> Nous achetons des articles que nous n'avons pas besoin, avec de l'argent que nous n'avons pas, afin d'impressionner les personnes que nous ne connaissons pas. [Traduction]
>
> – Anonyme

Le petit Larousse définit la sobriété comme étant « la qualité de quelqu'un qui se comporte avec retenue ». L'extravagance est l'opposé de la sobriété. Nous définissons l'extravagance des adeptes du minimalisme comme étant un mode de vie qui se préoccupe de dépenses luxuriantes et de consommation excessive. La sobriété est la pierre angulaire de l'enrichissement.

Pour aider les lecteurs à mieux évaluer leur situation financière actuelle, nous avons élaboré un indicateur d'indépendance financière avec des tableaux à remplir.

Indicateur d'indépendance financière

Directives : Encerclez le nombre qui correspond le mieux à votre réalité
(une note de un indiquerait que dans votre cas, l'affirmation est
totalement fausse, tandis qu'une note de cinq indiquerait que l'affirmation
est vraiment appropriée). Utilisez ensuite la grille d'évaluation au bas de
la page pour connaître l'état de votre indépendance financière.

Affirmation	Pointage
Les factures du mois courant arrivent avant que je ne puisse payer les factures du mois passé.	1 2 3 4 5
Il me semble que j'ai toujours des factures à ouvrir.	1 2 3 4 5
Je reçois au moins trois avis d'arriérés par année	1 2 3 4 5
Je n'accumule jamais assez d'argent pour remplacer trois mois de perte de revenus.	1 2 3 4 5
Ma famille vivrait une crise financière advenant mon décès demain.	1 2 3 4 5
Mon partenaire/conjoint et moi-même ne mettons jamais sur papier nos plans et nos objectifs financiers.	1 2 3 4 5
Mon partenaire/conjoint n'a aucune idée de notre budget mensuel.	1 2 3 4 5
Mon compte bancaire ou celui de mon partenaire/conjoint affiche toujours un solde négatif.	1 2 3 4 5
Je préfère acheter des articles qui exigent un montant minimal en acompte.	1 2 3 4 5
Il semble qu'il me manque toujours quelques dollars et j'emprunte de mes amis et de mes parents.	1 2 3 4 5
Le solde de mes cartes de crédit est généralement à la limite de crédit.	1 2 3 4 5
Je fais plus de trois chèques sans provision par année.	1 2 3 4 5
Je me préoccupe souvent de ma situation financière et j'en suis souvent déprimée.	1 2 3 4 5
Je souffre de problèmes de santé ou de manque de sommeil en raison du stress financier.	1 2 3 4 5
Il arrive souvent de débattre des questions financières avec mon partenaire/conjoint.	1 2 3 4 5
Plus de 20 % de mon revenu mensuel est affecté à des versements mensuels..	1 2 3 4 5

Il m'arrive souvent de dire : « Si je pouvais avoir
10 % de plus en salaire, tout serait parfait »."   1 2 3 4 5

Il m'arrive souvent de blâmer les autres ou d'inventer
des excuses pour ma situation financière.   1 2 3 4 5

Je sens que je perds contrôle en matière d'argent.   1 2 3 4 5

Je ne sais pas quel est la première étape à prendre
pour résoudre mes ennuis financiers.   1 2 3 4 5

Directives pour calculer votre score final : additionner tous les chiffres encerclés.
Clé de correction :

De 20 à 30 : Votre score indique que votre situation financière est très positive, vous êtes sur la bonne voie, votre objectif premier devrait viser à peaufiner vos stratégies et à accélérer votre potentiel d'enrichissement.

De 31 à 45 : Votre score indique que votre situation financière est un peu mieux que la normale. Dans l'ensemble vous agissez de la bonne manière, mais certains domaines doivent être améliorés. Votre objectif premier devrait viser à analyser vos points faibles et à les corriger.

46 et plus : Votre score indique que votre situation financière est faible. Ne désespérez pas, vous n'êtes pas le seul. Ce livre a été écrit pour aider le 90 % de la population qui se retrouve dans cette catégorie.

Vous êtes-vous déjà demandé où va votre argent ? Vous travaillez dur, vous êtes rémunéré, puis tout à coup, l'argent disparaît. Nous sommes, pour la plupart, conscients de nos dépenses, cependant il faudra établir un budget plus détaillé afin d'identifier avec précision les domaines où il est possible d'épargner et de tirer profit. Une fois que vous aurez déterminé où va l'argent, vous pourrez classer vos dépenses selon les trois catégories suivantes : l'accroissement d'argent (jeter les fondements de vos actifs rentables), les besoins de la vie (nourriture, vêtements et abri) et les voleurs de fortune.

UNE NOUVELLE OPTIQUE RELATIVE AU BUDGET

La simple mention du mot « budget » fait reculer la plupart des adultes. Une bonne journée, nous avons décidé d'arrêter plusieurs personnes à l'allure moyenne qui se promenaient dans la rue et, après les avoir rassurées que nous n'avions rien à leur vendre, nous leur avons demandé de nous donner leurs impressions relatives à l'établissement d'un budget. Voici un échantillon de réponses :

- Ne me parlez pas de budget, c'est de l'argent dont j'ai besoin.
- Les budgets sont trop restreignants pour mon mode de vie.
- Qui a le temps d'établir un budget ?
- Les budgets sont trop complexes.
- Les budgets sont simplement des moyens fantaisistes de tenir compte des dépenses passées.
- Mon conjoint et moi-même ne sommes pas assez disciplinés pour respecter un budget.
- C'est une bonne idée d'établir un budget, un jour je prendrai le temps de le faire.

Cet exercice, à part nous avoir permis de nous amuser et de rencontrer des personnes intéressantes, a renforcé le besoin pressant d'écrire ce livre. En moyenne, ces personnes correspondent à l'image des adeptes du minimalisme. C'est pourquoi nous avons pensé effectuer le même exercice avec nos amis et nos collègues qui correspondent à l'image du brasseur d'affaires. Voici les réponses que nous avons obtenues :

- Le manque d'argent est rarement l'enjeu ; l'absence de budget pose pratiquement toujours la difficulté.
- C'est *votre* budget, vous pouvez le faire aussi rigide ou aussi souple que vous le voulez.
- Le maintien d'un budget exige seulement quelques minutes de votre temps une fois par semaine.
- Les budgets ne sont pas nécessairement complexes, en réalité, les plus puissants sont souvent très simples.
- Un budget est un outil qui permet de planifier les dépenses futures.
- Si vous et votre conjoint respectez un budget, vous adopterez l'habitude en trois semaines.
- Si l'on prend en compte que ce que vous suggérez améliorera votre vie quotidienne, établissez un budget dès maintenant !

L'adoption d'un comportement plus sobre n'est pas nécessairement très pénible. En fait, une fois que vous y prenez l'habitude, vous pouvez en faire un jeu enrichissant. Prenez l'exemple d'Annica et de Tim qui, il y a deux ans, nous ont approchés ayant désespérément besoin d'aide. À notre première rencontre, ils nous ont semblé être un couple typique. Ils étaient tous deux des professionnels vivant en banlieue d'une grande ville. Ils étaient parents de deux adolescents, un de 15 ans et l'autre de 13 ans, avaient deux voitures en mauvais état et vivaient dans une maison modeste dont l'hypothèque était de 89 000 $. Ils contribuaient modestement à leur CIR à chaque année et avaient un mode de vie raisonnable. Comme Tim nous affirmait : « Nos augmentations annuelles sont au-delà du taux d'inflation mais nous semblons toujours vivre au jour le jour. Le gouvernement est le seul bénéficiaire de notre dur labeur, de notre surtemps et de nos augmentations. Nous ne prenons pas de vacances extravagantes à visiter l'Europe, nous les passons habituellement chez-nous à travailler autour de la maison ». Et Annica ajoutait : « Les chances que nous puissions mettre sur pied un compte d'investissement approprié sont presque nulles car chaque sou est déjà engagé. Ce n'est pas le manque de travail, nos horaires chargés nous permettent à peine de bavarder entre nous ou avec nos enfants ».

Cette histoire, nous l'avons entendue à maintes reprises. Comme c'est le cas de la plupart des problèmes, il faut d'abord le reconnaître, puis chercher à le résoudre. Annica a pratiquement résolu son propre dilemme lorsqu'elle a dit : « Il nous est impossible de comprendre où va l'argent ». La première étape a donc consisté à brosser une image de leurs dépenses à l'aide d'un formulaire comme celui que nous avons élaboré, et convenablement fourni, notamment le Suivi financier mensuel.

À l'examen de ce relevé de conscientisation financière, Annica et Tim ont été étonnés du montant d'argent dépensé sur des articles de faible valeur. Nous avons commencé par examiner les téléphones. Grâce à eux, la compagnie téléphonique florissait car ils avaient deux lignes téléphoniques et deux portables. La ligne secondaire était réservée aux enfants qui, tout comme leurs parents, n'étaient pas souvent à la maison. Le temps était venu d'éliminer une ligne téléphonique. Comme les deux adolescents travaillaient à temps partiel, s'ils y tenaient, ils pouvaient payer la ligne téléphonique et commencer à connaître la valeur de l'argent. Voilà la transition parfaite vers un domaine beaucoup plus vaste. Annica et Tim n'avaient pas eu l'occasion d'apprendre des stratégies d'enrichissement appropriées lorsqu'ils ont grandi, et par conséquent transmettaient ces mauvaises habitudes à leurs enfants. Nous les avons convaincus de discuter ouvertement et honnêtement de la question avec leurs enfants et de les inclure dans le processus décisionnel.

La discussion initiale a été réussie, mais nous cherchions un moyen de faire participer les enfants davantage. Ainsi, nous avons nommé les enfants les « mini-conseillers » de l'« entreprise » familiale. Au moyen d'un simple incitatif de rémunération au rendement, nous avons motivé les enfants à découvrir des façons d'épargner. Pour chaque dollar épargné ou généré, ils recevraient 0,20 $ qu'ils pourraient dépenser comme bon leur semblait. La première initiative a été de vider les placards des vieux jouets, jeux et vêtements aux fins d'une cvente-débarras, ce qui a rapporté 65 $. La prochaine initiative des enfants a été d'économiser l'énergie en veillant à ce qu'aucune lumière, qu'aucun téléviseur, appareil de conditionnement d'air ou ordinateur ne soit allumé inutilement..

Un nouvel examen des téléphones, a permis d'identifier un plan mensuel du service interurbain qui n'était pas réellement avantageux. L'annulation du plan représentait une dépense additionnelle moyenne de un dollar par mois pour les appels, mais une économie nette de 4 $ par mois. Cela peut sembler minime, mais chaque montant économisé peut donner lieu à une économie intéressante à la fin de l'année. Deux téléphones portables représentaient aussi un luxe inutile. Comme l'horaire d'Annica était plus irrégulier et qu'elle conduisait la voiture la plus susceptible de tomber en panne, elle a conservé l'unique portable pendant la semaine, le remettant à Tim lorsqu'il faisait les courses la fin de semaine. Ils ont aussi opté d'éliminer les services additionnels tels que la messagerie vocale, l'appel en attente et l'afficheur relatifs au téléphone restant. À la fin du mois, ils ont enregistré des économies de 50 $ sur les portables, de 20 $ sur la ligne résidentielle, et de 4 $ sur le plan du service interurbain. Un total de 74 $ en économies uniquement pour les téléphones !

Ils avaient deux ordinateurs de bureau et un ordinateur portatif. Les enfants partageaient un ordinateur pour les devoirs ; Annica et Tim en utilisaient un surtout pour les courriels. Les enfants jouissaient d'une connexion Internet haute vitesse tandis que les parents avaient un compte d'accès commuté. Ils ont décidé de vendre l'ordinateur portatif pour 300 $ et d'acheter une carte et un câble de réseau afin de relier les deux ordinateurs restants, réalisant un profit de 150 $. Ils pouvaient maintenant transmettre des fichiers à l'ordinateur des enfants aux fins de courriels et éliminer le compte d'accès commuté, et ainsi économiser 21 $ par mois.

Après avoir tenu un registre des émissions de télévision préférées de chacun pendant deux semaines, ils ont découvert qu'à l'exception d'une émission, tout ce qu'ils visionnaient faisait partie du service de câble de base. De plus, ils ont constaté qu'ils ne regardaient pas autant de télévision qu'auparavant, en partie parce qu'ils participaient à un grand nombre d'activités et qu'ils ne faisaient que « tuer le temps » devant l'écran. Ils ont économisé 30 $ par mois en éliminant les deux plus hauts niveaux et la chaîne de films. Cela voulait dire qu'ils devraient sortir et louer un film s'ils voulaient réellement en visionner un. L'avantage de cette démarche était qu'ils pouvaient maintenant regarder le film de leur choix plutôt que perdre du temps à regarder les films offerts par l'entremise de leur adhésion. Cette dépense a été inscrite à la section divertissement de leur budget. En outre, ils pouvaient jouir d'une soirée en famille à un coût beaucoup moins élevé que le prix du cinéma, du stationnement et des aliments-camelote. Ils ont toutefois résolu de profiter du coût réduit des matinées ou des « mardis à bas prix » pour voir les films courants « à ne pas rater ».

En raison de leur horaire chargé, les journaux et les revues se retrouvaient au recyclage sans avoir été ouverts. Les deux quotidiens ont été retranchés à un pour une économie de 30 $; une revue industrielle qui était offerte gratuitement au travail représentait une autre économie de 5 $ par mois ; deux revues de vie moderne ont été retranchées à une pour une autre économie de 5 $ par mois, et plutôt que d'acheter la revue des choix télé, ils utilisaient l'encart gratuit du journal du samedi. Les économies totales relatives aux revues et aux journaux étaient de 45 $.

Tim payait une adhésion mensuelle de 60 $ par mois à un centre sportif local, qu'il utilisait sporadiquement en raison de ses nombreux engagements. Il a payé 20 $ pour un appareil aérobie annoncé dans le journal local et a installé une aire d'exercice au sous-sol. Il n'utilise pas cet appareil très souvent mais il dépense 60 $ de moins mensuellement.

Au fil des années, la famille avait accumulé toute une pile de « trésors » qu'ils n'utilisaient jamais, mais dont ils ne pouvaient se séparer. Le garage était tellement rempli qu'ils devaient louer un espace de rangement au coût de 25 $ par mois. Ils ont décidé de vider le garage et la remise, et faire une vente-débarras. Les recettes de la vente étaient de 612 $, ce qui leur a permis d'annuler la location mensuelle (et de réduire le risque d'incendie dans le garage), une économie de 25 $.

La modification des habitudes alimentaires et de consommation d'alcool posait un plus grand défi. Ils ont recoupé à une, plutôt que deux (une dépense de 90 $ par sortie), les sorties mensuelles à leur restaurant préféré et ont opté de remplacer la deuxième sortie par une visite à la boutique gourmet où ils pouvaient acheter des mets préparés. Cela leur a permis d'économiser 50 $, y compris le prix d'une meilleure bouteille de vin que ce qu'ils auraient bu au restaurant. Le repas gourmet et le vin étaient tellement bons, qu'ils ont sérieusement débattu l'idée de réserver les sorties au restaurant pour une occasion spéciale comme les anniversaires et d'empocher les économies. Les aliments et le vin avaient bien meilleur goût, car ils s'amusaient autant qu'avant, tout en mettant de l'ordre dans leur situation financière.

Le couple s'est aussi inscrit à un programme de Réflexion financière du samedi soir avec leurs voisins. Nous décrirons ce programme un peu plus loin à la section qui traite de l'utilisation maximale du dollar. Cela leur a aussi permis d'économiser. À seule fin de répondre à nos besoins, nous traiterons uniquement des économies évidentes ci-dessus qui sont de 305 $ par mois ou de 3 660 $ par année (voir La famille d'Annica et Tim pour obtenir un résumé). Si Tim et Annica prenaient le montant mensuel économisé (payé le premier jour du mois) et l'investissaient à un rendement de huit %, au bout de 10 ans, ils auraient un petit coussin de 55 291,88 $. Laissez le montant fructifié pendant 20 ans et il se transforme en un montant respectable de 174 661,31 $.

Annica et Tim étaient enchantés. Les « compressions » n'ont pas été très douloureuses et en réalité, après seulement deux mois d'initiation, ils se demandaient comment ils avaient pu justifier leur « extravagant » mode de vie antérieur. Non seulement ces changements ont-ils été effectués sans peine, ils ont été amusants, sachant que la situation financière de la famille était maintenant en bien meilleure santé.

Nous devions maintenant guider Annica et Tim dans un processus qui exigerait beaucoup plus d'effort, de discipline et d'engagement. Cependant, au point où ils en étaient, nous étions confiants qu'ils étaient prêts à accélérer leur aventure vers la fortune. À la prochaine étape, ils devaient entreprendre une autre ronde de pensée créatrice en matière de sobriété. En effet, ils devaient décider jusqu'à quel point ils étaient prêts à retrancher des dépenses importantes telles que les vêtements, les manucures et la voiture secondaire, ce qui influerait profondément sur leur enrichissement futur. À partir de maintenant, tout ce qu'ils prévoyaient dépenser ferait l'objet d'une étude minutieuse et sévère. Cela leur a permis de prendre contrôle de leur avenir financier plutôt que voguer à la dérive sur le tapis roulant inusité de Tim.

La famille d'Annica et de Tim

Suivi financier mensuel – résumé

Réduction des dépenses mensuelles	Dollars économisés mensuellement
Téléphone	74 $
Connexion Internet	21 $
Tarifs de câble	30 $
Abonnements (journaux et revues)	45 $
Adhésion au centre sportif	60 $
Location de l'espace de rangement	25 $
Restaurants	50 $
Réduction totale des dépenses mensuelles	**305 $**

C'est à votre tour maintenant. Bon nombre de personnes partagent la même situation que Tim et Annica : vous touchez 1 000 $ pour une certaine période et vous dépensez 998 $, si vous avez de la chance ou 1 038 $, si vous n'en avez pas. Vous pouvez à peine respirer. Ainsi, vous devez d'abord examiner minutieusement vos dépenses. Nous voulons vous aider à reconnaître vos dépenses mensuelles fixes. Remplissez le suivi financier mensuel à l'aide des formulaires qui suivent, et inscrivez les montants que vous payez pour le loyer, l'hypothèque, l'électricité, le téléphone et toutes les autres dépenses que vous êtes tenus de payer à chaque mois. Ce tableau peut sembler complexe, mais au fur et à mesure que vous le lirez, vous le trouverez très facile à remplir. Si, par exemple, vous ne payez pas l'électricité, laissez l'espace en blanc et passez au prochain point. Nous y avons inscrit toutes les dépenses imaginables afin de ne pas en omettre. Pour ce qui est des dépenses annuelles, comme les réparations à domicile, divisez le montant total par douze. Si vous ne connaissez pas le montant exact, inscrivez votre estimation la plus juste.

Suivi financier mensuel

Mois : _____ de 20_____

Planificateur de dépenses mensuelles (Hébergement)	Personne n° 1	Personne n° 2	Personne n° 3	Total mensuel
Hypothèque, loyer ou chambre et pension				
Impôts fonciers				
Réparation et entretien				
Améliorations				
Assurance-habitation ou assurance de responsabilité locative				
Électricité				
Gaz naturel				
Mazout				
Eau				
Téléphone				
Connexion Internet				
Câble				
Services d'assainissement				
Réparation ou modernisation des appareils				
Autre				
Sous-total des dépenses d'hébergement				

Suivi financier mensuel

Mois : _____ de 20_____

Planificateur de dépenses mensuelles (automobile)	Personne n° 1	Personne n° 2	Personne n° 3	Total mensuel
Versements sur prêt ou de location				
Réparations et entretien				
Essence et huile				
Enregistrement et permis				
Assurance				
Stationnement				
Autre				
Sous-total des dépenses relatives à l'automobile				

Suivi financier mensuel

Mois : _____ de 20_____

Planificateur de dépenses mensuelles (en matière de finances)	Personne n° 1	Personne n° 2	Personne n° 3	Total mensuel
Épargnes				
Assurance-vie, assurance-maladie et assurance-invalidité				
Paiements d'investissement				
Contribution à un CIR				
Carte de crédit n° 1				
Carte de crédit n° 2				
Carte de crédit n° 3				
Carte de crédit n° 4				
Carte de crédit n° 5				
Versement sur prêt				
Versement d'une pension alimentaire ou pour le soutien d'un enfant				
Autre				
Sous-total des dépenses en matière de finances				

Suivi financier mensuel

Mois : _____ de 20_____

Planificateur de dépenses mensuelles (dépenses familiales et personnelles)	Personne n° 1	Personne n° 2	Personne n° 3	Total mensuel
Épiceries				
Restaurants				
Ordonnances médicales, vitamines et produits naturels				
Honoraires professionnels : médecin, dentiste, chiropraticien et naturopathes				
Vêtements				
Blanchissage et nettoyage à sec				
Fournitures scolaires				
Divertissement				
Gardienne d'enfant				
Garderie/programme parascolaire				
Frais de loisirs pour les enfants				
Allocations				
Droits de scolarité				
Adhésions				
Voyages				
Vacances				
Aliments et soins pour animaux domestiques				
Salon de beauté, boutique de coiffeur, articles de toilette et cosmétique				
Cadeaux				
Dons				
Dîme				
Autre				
Sous-total des dépenses familiales et personnelles				
Total des dépenses mensuelles				

Une fois que vous avez rempli le tableau, soyez créatif. Analysez toutes les données et demandez-vous s'il est possible de réduire ou de vivre sans certaines de ces dépenses. Avez-vous réellement besoin d'un téléphone cellulaire ? Il est possible que cela soit le cas, mais avez-vous besoin de temps de conversation illimité ? Un plan de base, offrant le service en cas d'urgence ou de retard vous suffirait-il ? Vous épargnerez de 20 à 30 dollars par mois. Avez-vous besoin de toutes ces chaînes par câble ? Un plan de base vous offrirait peut-être ce dont vous avez réellement besoin et vous encouragerait à consacrer plus de temps à la lecture et à l'activité physique. Payez-vous des cartes de crédit qui comportent des taux de 18 ou de 28 pour cent ? Procurez-vous une carte de crédit qui vous permet le transfert de dettes et commencez à payer le montant minimum. Mieux encore, payez le même montant mensuel et éliminez la dette plus rapidement.

Nous sommes maintenant à la partie la plus importante de l'exercice : Si vous trouvez le moyen d'économiser 20 $ ou plus à chaque mois, mettez ce montant dans un compte d'épargne afin qu'il travaille pour vous.

Une fois l'exercice terminé, vous devez passer à la prochaine étape, notamment vos habitudes quotidiennes. Le journal échantillon qui suit identifie les dépenses quotidiennes typiques d'une personne quelconque. Comme vous le constaterez, les dépenses s'accumulent rapidement et atteignent un montant important.

Suivi des dépenses quotiennes – échantillon

Lundi	Dépenses	Mardi	Dépenses
Café et beigne	3,99 $	Café et beigne	3,99 $
Journal	1,00 $	Journal	1,00 $
Jus et muffin	4,50 $	Collation	3,50 $
Repas du midi	6,50 $	Repas du midi	6,00 $
Revue	5,00 $	Collation	3,00 $
Friandise	1,50 $	Essence	25,00 $
Essence	30,00 $	Epiceries	40,00 $
Lait, pain, fruit	9,50 $	Droit d'entrée au club de danse	15,00 $
Consommations après le travail	22,50 $	Consommations	25,00 $
		Taxi pour le retour à la maison	22,00 $
Total	**84,49 $**	**Total**	**144,49 $**

Photocopiez le Suivi des dépenses quotidiennes et remplissez-le à chaque soir avant d'aller vous coucher – c'est beaucoup plus facile d'y penser – pendant une semaine ou plus. Il importe peu que votre revenu annuel soit de 1 000 $ ou de 100 000 $, ces exercices sont toujours efficaces. **Ce n'est pas le montant que vous gagnez qui importe, c'est plutôt ce que vous en faites.**

Suivi des dépenses quotidiennes

Lundi	Dépenses

Mardi	Dépenses

Mercredi	Dépenses

Jeudi	Dépenses

Vendredi	Dépenses

Samedi	Dépenses

Dimanche	Dépenses

Examinons maintenant plus minutieusement vos dépenses. Pourriez-vous boire votre café à la maison et économiser ces quelques dollars à tous les jours ? Si votre achat comprend aussi une pâtisserie, votre cœur en sera peut-être avantagé. Combien épargneriez-vous en apportant un sandwich pour votre repas du midi ? Dépensez-vous 20 $ par jour en essence ? Pourquoi ne pas faire du covoiturage avec un ami ou un voisin ou utiliser le transport en commun une fois par semaine ? Si la revue que vous achetez offre des articles essentiels vous pourriez probablement économiser au moins 50 % en vous y abonnant. Le fait de rencontrer des amis dans un bar est un excellent moyen de se détendre après le travail, mais pourquoi ne pas le faire dans un café où les consommations sont moins dispendieuses ou dans un parc en buvant un jus. Il existe bon nombre d'exemples de ce genre, ce qui importe c'est d'identifier où s'envole l'argent. Vous serez étonné de voir à quel rythme vous dépensez et combien il est facile d'économiser régulièrement. Plusieurs personnes prennent l'habitude de mettre leur petite monnaie dans un pot à la fin de la journée. Au bout d'un mois, elles sont étonnées du montant. L'élément clé à retenir, c'est de déposer cet argent dans un compte d'épargne afin qu'il travaille pour vous.

Maintenant que vous avez commencé à axer vos pensées vers l'économie, vous apprécierez davantage la prochaine section du livre qui vous présente toute une gamme de mesures auxquelles vous n'avez pas encore songé pour réduire les dépenses. Avant d'y arriver, nous voulons capter une « image instantanée » de l'ensemble de votre situation financière. Par conséquent, vous devrez remplir le Planificateur d'avoir net -tableau des actifs à court terme.

Dès que vous aurez terminé cet exercice, remplissez le prochain tableau, le Planificateur d'avoir net – passif. Prenez ensuite le total du tableau des actifs à court terme et déduisez le passif. Cet outil vise à ce que vous réalisiez deux choses :

1. Déterminer le niveau de votre fortune actuelle.
2. Utiliser l'outil pour planifier des objectifs d'enrichissement spécifiques.

En remplissant la rubrique « aujourd'hui » sur chaque page, vous pourrez calculer trois choses, notamment :

1. La valeur totale actuelle de vos biens – vos actifs.
2. La valeur totale de vos dettes – votre passif.
3. La différence nette entre les deux représente votre fortune ou valeur nette. Plus le montant est élevé, plus vous êtes riche.

Cet outil ne permet pas de déterminer ce qui a donné lieu à votre situation financière ni dans quelle direction elle s'oriente. Il permet simplement de décrire votre position financière actuelle. L'effet est le même qu'avec le « suivi financier » quotidien ou mensuel, une fois que notre réalité financière est exprimée en noir sur blanc, il nous est possible de saisir notre destinée financière dans son ensemble. Si cette destinée ne vous sourit pas, vous serez plus susceptible de la modifier.

Vous pourrez, en remplissant les rubriques « six mois », « un an », etc., tracer des objectifs précis dans chacune des catégories. Le but ultime vise à l'accroissement de vos actifs et à la réduction de votre passif, vous permettant ainsi de vous enrichir et d'afficher une valeur nette élevée.

Le formulaire intitulé Effondrement des dettes à court terme, qui suit le Planificateur d'avoir net, est un outil qui identifie promptement les dettes dont le taux d'intérêt est le plus élevé. Le meilleur moyen de réduire vos dettes rapidement est de repayer d'abord celles qui affichent le plus haut taux d'intérêt. Ensuite, vous repayez les dettes qui coûtent le moins en intérêts. De toute évidence, vous visez à être sans dettes, et vous visez à minimiser les versements en intérêts et maximiser le paiement du capital.

En outre, vous pouvez accélérer le processus en consolidant les dettes affichant un taux d'intérêt élevé. Vous effectuerez ainsi un seul versement à faible taux d'intérêt. Il est beaucoup plus facile d'établir un budget lorsque l'on a consolidé les dettes. (Un seul versement par opposition à plusieurs, en plus de verser un montant plus important sur le capital.) Les meilleurs prêts de consolidation sont ceux qui vous permettent d'effectuer des versements additionnels ou de les repayer de façon anticipée sans pénalité. Plusieurs sociétés de cartes de crédit offrent des cartes à faible taux d'intérêt (de 6 à 8 %) sur lesquelles vous pouvez transférer des soldes de cartes à taux d'intérêt plus élevé. Le tableau Effondrement des dettes à court terme (à la page 92) présente un exemple de consolidation au-dessus duquel une feuille de travail en blanc vous est réservée.

Planificateur d'avoir net – Actifs à court terme

		Aujourd'hui	6 mois	1 an	2 ans	5 ans	10 ans	20 ans
Argent dans les comptes chèque/épargne								
N° de compte	Banque/succursale	$	$	$	$	$	$	$
N° de compte	Banque/succursale	$	$	$	$	$	$	$
N° de compte	Banque/succursale	$	$	$	$	$	$	$
Investissements non enregistrés – CD détenus								
N° de certificat	Institution financière	$	$	$	$	$	$	$
N° de certificat	Institution financière	$	$	$	$	$	$	$
N° de certificat	Institution financière	$	$	$	$	$	$	$
Obligations d'épargne de l'État détenues								
N° de certificat	Institution financière	$	$	$	$	$	$	$
N° de certificat	Institution financière	$	$	$	$	$	$	$
N° de certificat	Institution financière	$	$	$	$	$	$	$
Bons du Trésor détenus								
N° de certificat		$	$	$	$	$	$	$
N° de certificat		$	$	$	$	$	$	$
Actions ordinaires ou privilégiées; fonds commun de placement								
Valeur du portefeuille		$	$	$	$	$	$	$
Investissements enregistrés – CD détenus								
N° de certificat	Institution financière	$	$	$	$	$	$	$
N° de certificat	Institution financière	$	$	$	$	$	$	$
N° de certificat	Institution financière	$	$	$	$	$	$	$
Obligations d'épargne de l'État enregistrées détenues								
N° de certificat	Institution financière	$	$	$	$	$	$	$
N° de certificat	Institution financière	$	$	$	$	$	$	$
N° de certificat	Institution financière	$	$	$	$	$	$	$
Bons du Trésor enregistrées détenus								
N° de certificat		$	$	$	$	$	$	$
N° de certificat		$	$	$	$	$	$	$
Actions ou fonds commun de placement enregistrés								
Valeur du portefeuille		$	$	$	$	$	$	$
Sous-total des actifs à court terme		$	$	$	$	$	$	$

Planificateur d'avoir net – Autres actifs

		Aujourd'hui	6 mois	1 an	2 ans	5 ans	10 ans	20 ans
Polices d'assurance détenues								
Assureur	Valeur de rachat brute	$	$	$	$	$	$	$
Assureur	Valeur de rachat brute	$	$	$	$	$	$	$
Assureur	Valeur de rachat brute	$	$	$	$	$	$	$
Hypothèque existante								
Prêteur	Valeur nette	$	$	$	$	$	$	$
Prêts existants								
Prêteur	Valeur nette	$	$	$	$	$	$	$
Prêteur	Valeur nette	$	$	$	$	$	$	$
Biens immobiliers personnels								
Résidence principale	Juste valeur marchande	$	$	$	$	$	$	$
Chalet	Juste valeur marchande	$	$	$	$	$	$	$
Autre	Juste valeur marchande	$	$	$	$	$	$	$
Biens immobiliers d'investissement/commerciaux								
Propriété n° 1	Juste valeur marchande	$	$	$	$	$	$	$
Propriété n° 2	Juste valeur marchande	$	$	$	$	$	$	$
Véhicules								
Automobile n° 1	Juste valeur marchande	$	$	$	$	$	$	$
Automobile n° 2	Juste valeur marchande	$	$	$	$	$	$	$
Automobile n° 3	Juste valeur marchande	$	$	$	$	$	$	$
Bateau	Juste valeur marchande	$	$	$	$	$	$	$
Autre	Juste valeur marchande	$	$	$	$	$	$	$
Autres actifs								
Bijoux/fourrures		$	$	$	$	$	$	$
Art		$	$	$	$	$	$	$
Meubles/effets mobiliers divers		$	$	$	$	$	$	$
Inventaire d'entreprise		$	$	$	$	$	$	$
Comptes à recevoir		$	$	$	$	$	$	$
Autre		$	$	$	$	$	$	$
Sous-total des autres actifs		$	$	$	$	$	$	$
Total de tous les actifs		$	$	$	$	$	$	$

Planificateur d'avoir net – Passif

	Aujourd'hui	6 mois	1 an	2 ans	5 ans	10 ans	20 ans
Soldes des cartes de crédit							
Carte de crédit n° 1 Taux d'intérêt %	$	$	$	$	$	$	$
Carte de crédit n° 2 Taux d'intérêt %	$	$	$	$	$	$	$
Carte de crédit n° 3 Taux d'intérêt %	$	$	$	$	$	$	$
Carte de crédit n° 4 Taux d'intérêt %	$	$	$	$	$	$	$
Carte de crédit n° 5 Taux d'intérêt %	$	$	$	$	$	$	$
Factures courantes exigibles							
Facture n° 1	$	$	$	$	$	$	$
Facture n° 2	$	$	$	$	$	$	$
Facture n° 3	$	$	$	$	$	$	$
Soldes de prêts							
Voiture n° 1	$	$	$	$	$	$	$
Voiture n° 2	$	$	$	$	$	$	$
Autre	$	$	$	$	$	$	$
Autre	$	$	$	$	$	$	$
Soldes d'hypothèques personnelles							
Résidence principale	$	$	$	$	$	$	$
Chalet	$	$	$	$	$	$	$
Autre	$	$	$	$	$	$	$
Soldes d'hypothèques d'investissement/commerciales							
Propriété n° 1	$	$	$	$	$	$	$
Propriété n° 2	$	$	$	$	$	$	$
Impôts à payer							
Impôt sur le revenu	$	$	$	$	$	$	$
Impôts fonciers	$	$	$	$	$	$	$
Dettes commerciales							
Comptes fournisseurs	$	$	$	$	$	$	$
Prêt commercial	$	$	$	$	$	$	$
Autre	$	$	$	$	$	$	$
Sous-total des dettes	$	$	$	$	$	$	$
Valeur nette totale (Total des actifs moins le total du passif)	$	$	$	$	$	$	$

Effondrement des dettes à court terme

Type de dette		Taux d'intérêt en %	Solde	Limite de crédit	Versement mensuel
Carte de crédit n° 1	Ma Visa	18,5	2 900 $	3 000 $	145 $
Carte de crédit n° 2	Ma Master Card	18,5	1 500 $	1 500 $	75 $
Carte de crédit n° 3	Sa Visa	18,5	4 800 $	5 000 $	240 $
Carte de crédit n° 4	Sa Master Card	18,5	1 600 $	2 000 $	80 $
Carte de crédit n° 5	Magasin de meubles	29,5	1 700 $	2 500 $	85 $
Carte de crédit n° 6	Grand magasin	24,5	990 $	1 000 $	50 $
Carte de crédit n° 7	Carte d'essence	24,5	450 $	500 $	15 $
Emprunt personnel	Véhicule	12,0	15 330 $	20 000 $ (emprunté)	664,20 $
Autre	Ligne de crédit de la banque	12,0	2 560 $	20 000 $	128 $
Total			**31 830 $**		**1 482,20 $**

À la suite d'une consolidation de dettes (fermeture de la marge de crédit de 20 000 $ et ouverture d'un prêt de 16 500 $ étalé sur trois ans à 12 % d'intérêt).

Type de dette		Taux d'intérêt en %	Solde	Limite de crédit	Versement mensuel
Prêt personnel n° 1	Véhicule	12,0	15 330 $	20 000 $ (emprunté)	664,20 $
Prêt personnel n° 2	Consolidation	12,0	16 500 $	16 500 $ (emprunté)	547,97 $
Total			**31 830 $**		**1 212,17 $**
Montant épargné/disponible aux fins d'investissement					**270,03 $**

Nota : Cet exemple est présenté uniquement à des fins d'illustration. Le taux d'intérêt variera. Visa et Master Card sont des marques de commerce.

Feuille de travail relative à l'effondrement des dettes à court terme

Type de dette	Taux d'intérêt applicable	Solde	Versement mensuel
Carte de crédit n° 1			
Carte de crédit n° 2			
Carte de crédit n° 3			
Carte de crédit n° 4			
Carte de crédit n° 5			
Prêt personnel n° 1			
Prêt personnel n° 2			
Prêt personnel n° 3			
Autre			
Autre			
Total			

APPRENDRE À MAXIMISER LE DOLLAR

Les suggestions suivantes vous aideront à épargner. Nous visons à ce que vous songiez à réévaluer vos habitudes en matière de dépenses. L'application d'une seule suggestion vous permettra d'épargner, et avec un peu de chance, vous incitera à revoir toutes vos dépenses et à agir plus sobrement. Alors que vous effectuez l'exercice, demandez-vous à quel point votre vie serait changée sans cellulaire par exemple. Si vous êtes un agent immobilier ou un cadreur pigiste, il vous est probablement utile pour le travail. Par ailleurs, cela est peut-être un luxe inutile dont vous vous êtes passé pendant bien des années. Les téléphones existent encore. Prenez le temps d'y réfléchir, si le téléphone est essentiel, dépensez l'argent ; s'il ne l'est pas, mettez l'argent à profit dans un compte d'épargne. Nous avons une centaine d'autres idées de ce genre. Transmettez-nous vos idées éprouvées par courriel à info@abcsofmakingmoney.com.

Le troc par opposition au comptant

Tentez de troquer vos services lorsque vous ne pouvez vous permettre le décaissement. Examinez vos compétences, elles seraient peut-être utiles à la personne avec qui vous négociez un achat. Vérifiez le droit fiscal afin d'éviter des ennuis futurs.

La sobriété est à la mode

Lorsque vous achetez des vêtements, magasinez à la mi-saison ou à la fin de la saison, à ce moment ils sont toujours à la mode, mais moins dispendieux. Les fournisseurs

vestimentaires indépendants peuvent négocier des rabais allant jusqu'à 5 % lors de ventes au comptant par opposition aux cartes de crédit. Un homme vêtu d'un jeans noir et de souliers de qualité aura une allure décontractée. Ajoutez-lui une ceinture et une chemise et il est d'attaque pour les boîtes de nuit ; changez la ceinture, ajoutez des chaussures de ville, une chemise d'apparat et un veston et il aura une allure professionnelle. Il n'est pas nécessaire que les vêtements soient dispendieux. Quelques articles de base et des accessoires peu coûteux vous offriront de multiples possibilités.

Économie domestique

- Trouvez un colocataire ou offrez « chambre et pension » afin d'éponger en partie le coût de votre maison.
- Demandez une réévaluation. Alan se rappelle : « Environ un an passé, j'ai reçu un avis relatif à la réévaluation de ma maison. La bonne nouvelle était que, selon la municipalité, ma maison valait deux fois le montant de l'évaluation antérieure, en fonction du marché actuel. La mauvaise nouvelle était que je paierais sous peu des impôts fonciers fondés en fonction de l'évaluation plus élevée, mais ne jouirait d'aucun service municipal additionnel. Indépendamment de la dépense accrue à court terme, cette hausse rendrait la maison moins intéressante pour un acheteur éventuel, du moins en matière d'impôts fonciers. J'ai donc appelé les responsables à la ville afin d'exprimer mon mécontentement. Ces derniers m'ont fourni les évaluations comparables des propriétés du voisinage de dimensions semblables. Un agent immobilier local m'a donné une copie de toutes les ventes de propriétés locales récentes. Ces renseignements, m'ont permis de débattre mon point. Ma propriété a été réévaluée à la baisse (100 000 $ de moins), ce qui représentait une économie d'impôts fonciers de 400 $ par année. Cet exercice a exigé environ une demi-heure de mon temps à converser au téléphone et une autre à écrire une lettre. Par la suite, j'ai appris que ma réussite n'était pas réellement attribuable à l'ingéniosité de mes arguments, mais plutôt au fait que la plupart des gens ne se donnent pas la peine de formuler

une plainte. La majorité des personnes qui l'ont fait ont joui d'un rabais. »

- Les grands centres de bricolage offrent des ateliers à l'intention des adeptes de la rénovation à domicile. Aidez un voisin : « Je t'aide à réparer ton patio et tu m'aides à peinturer ma terrasse en bois ». Achetez une caisse de bière pour un ami qui répare votre plomberie. Conseil : Réparez la fuite avant de boire la bière !

Le pouvoir de la sobriété

Installez une minuterie et éteignez les lumières lorsque vous quittez une pièce. Achetez et utilisez un thermostat. Ajoutez du matériau isolant ; calfeutrez les fenêtres et réparez-les afin d'empêcher l'air froid ou chaud de s'échapper. Remplacez un foyer traditionnel par une unité hermétique. Si vous allez brûler un arbre, pourquoi ne pas le faire avec efficacité ? De même, ajoutez un ventilateur bon marché pour maximiser l'air chaud dans votre maison. Fermez les climatiseurs lorsque vous n'êtes pas dans la pièce. Pendant les saisons chaudes, utilisez les ventilateurs au plafond.

L'argent « jeté à l'eau »

Vous achetez des citernes pluviales pour vos jardins. Certaines communautés les offrent gratuitement. Une douche ne devrait pas prendre plus de cinq minutes. Épargnez sur l'eau embouteillée ; achetez un système de filtration d'eau approuvé (environ 10 $) et maintenez votre santé. Remplissez les bouteilles vides pour vous rafraîchir. Arrêtez tous les robinets qui s'égouttent, ne laissez pas « fuir » votre argent.

Réflexions financières

Faites un potager dans votre cour arrière ou participez à un jardin potager communautaire. Vous serez plus en santé tout en vous amusant et en économisant. Faites vos propres conserves, achetez en vrac ou achetez les produits génériques ou « sans nom », c'est beaucoup plus économique. Les sorties au restaurant sont intéressantes, mais dispendieuses. Organisez des activités de rotation avec un groupe d'amis. À toutes les semaines ou à tous les mois, chacun apporte une partie du repas chez un ami différent. Vous jouissez d'une expérience sociale, brisez la monotonie des repas à la maison et épargnez le coût du restaurant. Lorsque vous sortez au restaurant, réduisez la consommation d'alcool et épargnez jusqu'à la moitié de la facture. Si vous appréciez le vin ou la bière, faites-les vous-même. Vous aurez du plaisir, la qualité est excellente et le prix est réduit d'environ un tiers. Cela vous permettra d'acheter une bouteille plus dispendieuse lors d'une occasion spéciale.

Une prescription pour vos soucis financiers

- Demandez à votre médecin de vous prescrire le générique plutôt que le médicament à prix élevé.
- Cessez de fumer ! Comme nous l'avons calculé dans l'introduction, une personne qui abandonne le tabac est doublement gagnante. D'abord, selon la durée de l'accoutumance, elle améliore sa santé, évitant peut-être une maladie horrible et souffrante allant jusqu'au décès. Deuxièmement, vous économiserez 3,50 $ par jour, ce qui représente un montant de 31 937 $ sur une période de 25 ans. Si le montant de 24,50 $ économisé à chaque semaine était investi, l'ancien fumeur serait non seulement vivant au bout de 25 ans, mais il aurait 247 360 $ de plus à dépenser. Imaginez ce genre d'économie combiné à certains autres conseils présentés dans ce livre, et le million de dollars ne paraît pas aussi insaisissable.
- Prenez avantage des vaccins offerts par l'État.
- Examinez vos factures relatives aux soins hospitaliers ou aux soins dentaires en cas de frais cachés.
- Renseignez-vous sur les services de soins de santé ou de soins dentaires offerts gratuitement dans les écoles de médecine ou d'art dentaire.
- Apportez vos articles personnels (mouchoirs, dentifrice, livres ou revues, etc.) à l'hôpital.

Visitez l'inforoute

Obtenez un plan de service interurbain approprié pour votre téléphone. Réexaminez l'utilité de votre cellulaire.

Si vous avez déjà un ordinateur à la maison, ajoutez-y une connexion Internet à bon prix et vous épargnerez. Vous pourrez vous amuser à bas prix, communiquer avec vos amis et votre famille par courriel plutôt que par téléphone, éliminer les abonnements à plusieurs journaux, être au courant des enjeux de santé et des événements à l'échelle mondiale tout en épargnant. Transmettez des photos par Internet à vos parents ou amis et évitez le coût de reproduction et de courrier escargot. Si vous regardez des événements et des émissions « très médiatisés », le service Internet à haute vitesse (à large bande) est pratiquement essentiel. Autrement, une connexion régulière à la moitié du prix suffira, si l'on prend en compte que la plupart des personnes utilisent Internet à des fins de courriel. Les quelques minutes de plus nécessaires à télécharger les rares vidéoclips en vaudront la peine.

Tarifs de câble ou de satellite. Choisissez le plan de base. Si vous avez besoin de tous les canaux supplémentaires vous n'êtes pas susceptible de réussir en matière de SRM (sources de revenus multiples) car vous passerez trop de temps à regarder la télévision. Selon notre règle empirique, une heure passée à écouter les nouvelles ou à regarder un documentaire vous permet d'apprendre et d'élargir vos connaissances. Il est bien de passer une heure à visionner une série dramatique ou comique à tous les jours afin de vous détendre et de vous divertir. Au-delà de cela, le temps serait mieux passé à faire des exercices, à lire, à communiquer avec des parents ou amis, à améliorer votre situation économique en suivant un cours, en développant une nouvelle habileté, en apprenant davantage sur les investissements ou en démarrant une nouvelle entreprise.

S'engager dans la voie rapide

- Pratiquez le covoiturage, cela vous permettra d'économiser l'essence, d'éliminer les billets de stationnement et sera plus sain pour l'environnement.
- Utilisez un vélo plutôt qu'une voiture.
- N'achetez pas d'options frivoles pour votre auto ; cela sera plus dispendieux à l'achat, ainsi qu'en matière de financement et de réparation.
- Ralentissez, évitez les contraventions, économisez l'essence et survivez.
- Faites le plein vous-même, c'est plus économique qu' « avec service ».

Nous sommes très nationalistes et nous nous efforçons d'appuyer les entreprises locales. Malheureusement, cette conviction ne s'applique pas au point d'acheter un produit inférieur lorsqu'il en existe un de meilleure qualité. Outre la maison, la voiture représente l'achat le plus important pour le consommateur moyen. Si vous êtes dans la moyenne, vous changez votre véhicule à tous les trois ou cinq ans. La plupart des personnes croient que la « rotation » fréquente de leur voiture, justifie l'achat d'une voiture à prix modique ou modéré. Toutefois, dans la plupart des cas, cela n'est pas économique.

Chacun de nous conduit une BMW, non pour le prestige ou le statut, mais pour la conception et fabrication de qualité. Alan dit : « Au moment où j'ai acheté ma première voiture neuve plusieurs années passées, j'ai payé environ 20 % de plus que le modèle japonais ou américain « équivalent ». Au fil des années j'ai plus que récupéré ce montant, sans mentionner le fait que le prix de revente est protégé en raison du taux de dépréciation beaucoup plus faible. Les fabricants d'automobiles domestiques modifient leurs voitures tellement souvent que les propriétaires ne semblent plus à la mode ou à la page. Cela crée des pressions incitant les gens à acheter plus souvent des nouvelles voitures, ce qui est excellent pour l'économie mais pas très bon pour le consommateur. Nos voitures ont une allure classique ; une allure qui change rarement et est toujours en vogue. À notre avis, la conception et la construction des voitures nord-américaines laisse à désirer, ce qui entraîne des réparations dispendieuses et ennuyeuses dès que la voiture n'est plus garantie. Si vous ne pouvez vous payer une voiture neuve, achetez une voiture d'occasion, comme une BMW, mais demandez à un mécanicien indépendant de la vérifier avant de l'acheter. »

Tout appareil mécanique manifestera des signes d'usure après quelques années, cependant une voiture bien conçue, bien construite et bien entretenue durera dix ans ou plus. Lorsque vous tenez compte de la durée de vie prolongée, du coût minime d'entretien, de la fiabilité et de la valeur de revente élevés, vous témoignerez que la qualité vaut l'investissement. Bien que nos goûts personnels penchent pour la BMW, nous accordons aussi une cote élevée aux marques telles que Volvo, Saab, Mercedes-Benz et plusieurs voitures japonaises.

Le blanchiment d'argent et d'autres conseils sur « le lavage »

Le lavage et le nettoyage à sec. L'achat d'une laveuse pour votre appartement s'avérera une économie en peu de temps – sans mentionner la commodité. Vous pouvez acheter un appareil usagé à très bon prix. Si vous avez une laveuse sur place, vous pouvez laver vos propres chemises et éviter de payer le nettoyage à sec. Lorsque votre complet n'est pas sali mais a besoin d'être rafraîchi, suspendez-le sur la barre de la douche et laissez la vapeur agir. Vous éviterez de payer le nettoyage à sec jusqu'à ce que cela soit réellement nécessaire.

Le partage

Lorsque vous sortez avec des amis qui ont aussi des enfants, amenez les enfants chez l'un ou l'autre des couples et partagez le coût de la gardienne. En réalité, la gardienne en sera enchantée, car s'ils s'entendent bien, les enfants s'amuseront mieux entre amis et la tâche sera plus facile.

Des idées divertissantes

Est-il nécessaire de voir un film la semaine même de son lancement, et de dépenser pour le stationnement, la gardienne et le restaurant ? Vous pourriez attendre quelques mois, louer le film, inviter vos amis afin d'y ajouter l'élément social, et épargner des montants d'argent intéressants. La semaine suivante, les amis pourront vous rendre la pareille. Si vous tenez à voir le dernier film à grand succès, allez-y le mardi, la soirée où bon nombre de cinémas offrent des rabais, ou profitez des prix réduits d'une matinée. Vous épargnerez encore plus d'argent si, à l'entrée du cinéma, vous évitez d'acheter les aliments camelote offerts à un prix excessif. Cela n'est pas très bon pour votre santé et le prix est ridicule.

L'adhésion offre des privilèges

Les parents d'employés de certains clubs ou universités peuvent jouir d'une adhésion gratuite. Pensez à être bénévole dans un club afin de profiter gratuitement de certains privilèges.

Destinée financière inconnue

- Voyagez hors saison et tentez de voyager au pied levé ; éliminez l'intermédiaire en utilisant Internet ou les vendeurs de voyages à prix réduit.
- Économisez sur votre billet d'avion en restant pour la nuitée du samedi.
- Exigez le plus bas tarif lorsque vous réservez une chambre d'hôtel. Si l'espace est disponible, ils négocieront un meilleur prix de crainte que vous choisissiez d'aller ailleurs.
- Rendez-vous à l'aéroport en autobus ou en métro plutôt qu'en taxi.

Éviter les voleurs de fortune

Voici une autre liste de suggestions visant à vous faire épargner de l'argent. Utilisez-la pour stimuler vos propres idées et transmettez vos idées préférées par courriel à info@abcsofmakingmoney.com.

Faire crédit à votre fortune

Cartes de crédit. Évitez les frais de services inutiles de la carte en or. Lisez attentivement l'entente, car bien souvent le remplacement d'articles perdus ou volés s'applique uniquement à la partie non couverte par votre assurance habitation, ce qui est habituellement très minime sinon nulle. Les garanties prolongées représentent aussi un gaspillage d'argent (voir la section suivante).

Si vous pouvez justifier l'utilisation de cartes de ce genre aux fins de votre entreprise, cette dernière devrait en assumer les frais.

N'utilisez pas les cartes à taux d'intérêt élevé. Si vous devez reporter un solde, veillez à ce qu'il soit sur la carte à taux d'intérêt réduit et non sur une carte de grand magasin ou d'essence.

Minimisez le nombre de cartes afin de réduire la paperasse et le temps inutiles. Vous serez plus susceptible d'accuser des retards si vous avez plusieurs cartes, car vous manquerez de temps pour en organiser le paiement. Chaque fois que vous effectuez un versement en retard, vous payez inutilement des frais.

N'utilisez jamais l'avance de fonds à moins que vous n'ayez mangé depuis une semaine. Cet argent est le plus coûteux.

Coordination des déboursés. Si la date du relevé de votre carte est le 21 par exemple, et que vous effectuez un achat pour votre entreprise le 22, vous jouirez d'environ 40 jours sans intérêt avant de payer. Si vous êtes dans une situation de débiteur, ce plan de coordination peut vous être utile. Vous devez cependant vous assurer de payer la dette à la date prévue afin d'éviter de payer des frais. Si vous ne pouvez pas le payer au complet, ne l'achetez pas.

Communiquez avec votre compagnie de carte de crédit et demandez un taux d'intérêt moins élevé sans quoi vous irez ailleurs. Le pire scénario serait qu'ils vous disent « non ».

Évitez les sociétés de crédit comme la peste. Ces sociétés s'attaquent aux personnes qui ne sont pas en mesure de payer leurs services. Ils vous prêteront de l'argent en fonction de votre salaire mais vous exigeront des frais de service, des frais d'intérêt et des frais cachés allant jusqu'à 60 %. Nous avons récemment été témoins d'une situation selon laquelle les sociétés prêtaient de l'argent en fonction de la valeur de votre voiture. Dans un tel cas, vous acceptez que la société soit propriétaire du véhicule jusqu'à ce que la dette, y compris les intérêts, soit repayée. Toutefois, le taux d'intérêt est tellement élevé que vous repayez souvent deux fois le prix du véhicule. De plus, le prêteur saisira votre véhicule si vous omettez d'effectuer un versement.

N'empruntez jamais l'argent que vous ne pouvez pas remettre. Lisez toute entente de prêt attentivement et si vous êtes incertain, demandez à un ami compétent de la vérifier pour vous. Soyez conscient des frais et des coûts cachés. Si vous avez des doutes, ne signez pas. Cela pourrait vous coûter la fortune que vous n'avez pas.

Garanties au-delà des limites raisonnables

Électronique. La marge de profit de ces articles est tellement mince que les vendeurs jouissent d'une commission minime, cependant ils peuvent gagner trois fois ce montant si vous achetez la garantie prolongée. Malheureusement, la plupart des consommateurs ne retirent aucune valeur d'un tel achat. Les appareils électroniques ont tendance à briser dès le début ou à la toute fin de leur vie. La garantie du fabricant couvre généralement la période initiale suivant l'achat. Au moment où l'unité électronique commence à faire défaut, elle a très peu de valeur et de nouveaux et plus modernes unités sont offerts. Le coût de remplacement est souvent moins dispendieux que le coût de réparation. Lisez les rapports à l'intention des consommateurs avant d'acheter. Les marques « réputées » comme Sony exigent quelques dollars de plus à l'achat mais sont vite récupérés en raison des années de service supplémentaire.

Garanties relatives aux voitures. Aucun fabricant d'auto n'offrira de couvrir le dispositif d'une voiture qui est très susceptible de faire défaut. De toute manière, la garantie ne s'applique pas aux dispositifs qui se détériorent normalement. La garantie prolongée couvre des éléments dont la durée dépasse la couverture, comme l'ensemble motopropulseur. Les éléments tels que le silencieux, la suspension, la contrefiche, les amortisseurs, le radiateur et le tambour d'embrayage ont tendance à bien fonctionner pendant la durée de garantie initiale et à tomber en panne dès que cette période est passée. Devinez ce qui n'est pas protégé par la plupart des garanties prolongées ? Tout ce qui est susceptible de se détériorer. Lisez attentivement la garantie !

La garantie « à vie ». Alan écrit : « Après avoir souffert du remplacement d'un silencieux » sans nom et sans garantie, la prochaine fois j'ai été chez un fabricant de pièces de remplacement. Ce dernier était moins coûteux et, plus important, m'offrait une garantie « à vie ». Quelques années plus tard, lorsque j'ai entendu un bruit provenant du silencieux, je suis retourné gaiement chez le fabricant, garantie en mains, lui demandant de réparer le silencieux. « Certainement Monsieur, sauf que ce n'est pas le silencieux, mais plutôt le tuyau qui fait défaut". « C'est très bien », lui ai-je répondu, « ce tuyau ne me tenait pas particulièrement à cœur. Je vous invite à le remplacer ». « Très bien », répondit-il « mais la garantie couvre uniquement le silencieux ».

« Le choc initial étant passé, je m'en suis voulu d'avoir été aussi dupe. L'escroquerie consiste à fabriquer un silencieux pratiquement indestructible, et les tuyaux qui y sont rattachés en matériel semblable à du papier aluminium ; très ingénieux de leur part. Profitant de mon expérience, Denis, lorsqu'il a été forcé de remplacer son silencieux, a fait le tour de toutes les boutiques jusqu'à ce qu'il trouve un silencieux à résonance avec tuyau d'échappement arrière intégré, entièrement protégé par la garantie à vie. Je devrais peut-être lui présenter une facture pour lui avoir appris la leçon... »

Service et protection. Les fabricants exigent plusieurs centaines de dollars pour traiter le tissu des voitures et de l'ameublement. Une visite à la quincaillerie vous permettra d'épargner cet argent. Vous n'avez qu'à acheter un contenant d'environ 6 $ et vaporiser le tissu vous-même. Le cuir peut être protégé de la même manière ; une trousse de 20 $ servira à protéger quatre divans en cuir, une économie d'environ 250 $ par divan.

Financement à terme. Choisissez la plus courte durée possible lorsque vous contractez un emprunt. Vous serez gagnant s'il vous est possible de repayer en 24 mois plutôt qu'en 36 mois. Basé sur un prêt de 5 000 $ et d'un taux d'intérêt de 10 %, un prêt de 24 mois vous coûtera 230,72 $ par mois multiplié par 24 ou 5 537,28 $. Le même prêt étalé sur 36 mois vous coûtera 161,33 $ par mois, sauf qu'à la fin du terme, vous aurez repayé 5 807,88 $ ou 270,60 $ de plus pour avoir eu le privilège de payer un montant moindre par mois. Dans certains cas cela est sensé, mais l'argent est perdu. Lorsque le montant est plus élevé, par exemple le remboursement d'un prêt auto de 20 000 $ ou de 30 000 $, les coûts sont importants. Encore là, si vous pouvez seulement vous permettre de payer le moindre montant mensuel, vous subirez moins de stress, mais ce paiement réduit vous coûtera de l'argent. Prenez maintenant l'exemple d'une carte de crédit d'un grand magasin à 29,5 % d'intérêt. Un achat de 5 000 $ financé sur 24 mois coûtera 278,27 $ par mois ou 6 678,48 $ (1 678,48 $ en intérêts). Le même achat financé sur 36 mois coûte 210,89 $ par mois ou 7 592,04 $ (2 592,04 en intérêts). Ainsi, le remboursement en 24 mois vous permet d'économiser 913,56 $ en intérêts.

S'il vous est possible d'acheter une voiture de un ou deux ans, possiblement un démonstrateur (ces dernières sont souvent munies de plusieurs accessoires), à faible kilométrage, dont tous les défauts ont été corrigés et qui offre une garantie transférable, vous épargnerez des milliers de dollars par opposition à une voiture neuve.

Connaître les assurances

Pourquoi la plupart des personnes ont-elles besoin d'assurance-vie ? Pour protéger le revenu principal en cas de décès. Il faut vous demander : « Y a-t-il quelqu'un qui dépend de mon revenu ? ». Par exemple, la personne seule qui ne prévoit pas se marier dans un avenir rapproché, qui n'a pas d'enfants ou de personnes à charge, n'a aucun besoin d'assurance-vie, même si elle est propriétaire d'un immeuble. Cet enjeu sera traité un peu plus loin dans le livre. Outre le chagrin manifeste des amis et des proches, personne ne souffrira financièrement du décès d'une telle personne. Dans le cas où une personne prévoit bientôt avoir des personnes à charge, l'acquisition d'une assurance-vie adéquate représente un choix avisé en matière de finances.

Quel genre d'assurance-vie voulez-vous éviter ?

Assurance créance en cas de décès

Ce genre d'assurance est lié aux cartes de crédit, aux prêts et aux hypothèques. Elle est offerte au moment où vous demandez le crédit. La demande comprend généralement une case que vous devez cocher pour couvrir automatiquement le solde de la dette en cas du décès du détenteur de crédit. Malheureusement, cette couverture est offerte à un prix exorbitant par rapport au montant. Recherchez plutôt une assurance-vie temporaire qui vous offrira une plus grande couverture à un prix inférieur. De plus, le fait que votre solde soit dégressif pose aussi un problème. Peu importe la rapidité avec laquelle vous réduisez votre solde, le coût de l'assurance sera le même qu'au début du prêt. Par exemple, une personne qui négocie une hypothèque de 100 000 $ paye une prime élevée pour protéger ce montant. Vingt ans plus tard, alors que le solde de l'hypothèque est de seulement 15 000 $, en cas de décès, la compagnie d'assurance n'est tenue de payer que ce montant à la société d'hypothèque, bien que vous ayez payé la couverture pour 100 000 $ pendant 20 ans. En d'autres mots, si vous choisissez cette option, il vaut mieux mourir rapidement pour en profiter. Le meilleur choix consiste à prendre une assurance-vie temporaire de 100 000 $ dont le coût sera moindre que celui de la banque et qui, advenant votre décès vingt ans plus tard, remettra 85 000 $ à votre succession après avoir repayé l'hypothèque (15 000 $). Selon le premier scénario, vous payez la police d'assurance de la banque. Le même concept s'applique à d'autres prêts tels que les cartes de crédit, pour lesquelles l'on vous encourage de payer une couverture protégeant le solde. Cela est très intéressant pour les banques, non pour vous.

Assurance-vie entière

Comme nous l'avons déjà mentionné, l'assurance-vie est une protection. Ce n'est pas un investissement et c'est la raison pour laquelle nous ne traitons pas d'assurance à la section du livre qui porte sur l'investissement. Des dizaines de milliers de Nord-américains achètent l'assurance-vie entière en tant qu'investissement, et à notre avis, cela représente un des plus importants voleurs de fortune.

Examinons le fondement. L'assurance-vie vise à vous offrir une protection en cas de catastrophe. L'investissement vise à maximiser la fortune. Votre but devrait alors viser à obtenir la protection maximale (assurance temporaire) au plus bas prix, tout en investissant mensuellement autant d'argent que possible dans les meilleurs moyens de placement.

L'assurance-vie entière comporte deux autres désavantages :
1. En cas de décès, vos survivants ne peuvent recevoir à la fois la valeur nominale et la valeur de rachat de votre police. La plupart des consommateurs ne sont pas conscients qu'il est possible de toucher la valeur de rachat de leur police alors qu'ils sont encore vivants. Votre bénéficiaire recevra la valeur nominale de la police mais non la valeur de rachat accumulée. Si, par exemple, vous achetez une police dont la valeur nominale est de 200 000 $ et que vous accumulez ensuite une valeur de rachat de 39 000 $, votre famille recevra seulement la valeur nominale de 200 000 $ lors de votre décès. Tous les versements que vous avez effectués au fil des années se sont envolés par la fenêtre.

2. Vous devez payer pour emprunter votre propre argent. Un des arguments de vente des polices à « valeur de rachat » est la possibilité d'emprunter en fonction du montant de votre assurance. Cependant, la plupart des consommateurs ne sont pas conscients qu'ils devront payer des intérêts pour emprunter leur argent. Pis encore, si vous, le détenteur de la police, décédez avant d'avoir repayé l'emprunt, le solde, de votre argent, sera déduit de la prestation de décès de votre bénéficiaire !

Bref, n'achetez jamais d'assurance-vie entière. Achetez plutôt l'assurance temporaire et investissez l'argent que vous économisez dans des moyens de placement tels que des CIR et dans la mise sur pied de sources de revenus multiples.

Assurance-vie temporaire

N'oubliez pas que vous achetez l'assurance en fonction de vos besoins à différentes étapes de votre vie. Les besoins d'un jeune couple au début de leur mariage ne sont pas les mêmes que lorsqu'ils auront des enfants et une hypothèque. Puis, plus tard dans la vie, lorsque l'hypothèque sera payée et que les enfants auront quitté le foyer, les besoins seront encore différents. Il n'est pas nécessaire de payer pour autant de couverture. Bien sûr, les gens ne traversent pas toutes ces étapes au même moment. Certains n'auront plus besoin d'assurance après 35 ans tandis que d'autres auront besoin d'une couverture complète jusqu'à 70 ans. Vous seriez avantagé d'investir cet argent supplémentaire dans des moyens de placement ou dans votre propre entreprise. Ne payez pas pour ce dont vous n'avez pas besoin.

Quel montant d'assurance-vie répondra à mes besoins ?

Pour déterminer vos besoins en matière d'assurance, vous n'avez qu'à effectuer un simple calcul.

Étape 1 :   Déterminer le revenu familial nécessaire pour maintenir votre mode de vie actuel.

Étape 2 :   Multipliez le revenu familial annuel requis par 10. Le facteur 10 représente un taux de rendement annuel de 10 % réalisé en investissant le règlement d'assurance.

Par exemple, si votre famille a besoin de 50 000 $ par année pour maintenir son mode de vie actuel, vous devrez effectuer le calcul suivant : 50 000 $ x 10 = 500 000 $. Ainsi, votre famille a besoin de 500 000 $ de couverture en assurance temporaire.

Lorsque vous achetez de l'assurance pour votre conjoint, ajoutez un avenant plutôt qu'une police distincte, vous jouirez d'une plus grande couverture à meilleur prix. N'achetez pas d'assurance pour les enfants ; ajoutez un avenant à votre police au montant de 5 000 $ par enfant en cas de décès. Encore, l'assurance n'est pas synonyme d'investissement.

Assurance invalidité

Il est bon de prévoir une assurance-invalidité pour subvenir aux besoins de la famille advenant le cas où le soutien de famille souffre d'invalidité permanente. Nous vous conseillons d'être votre propre assureur et d'acheter une assurance-invalidité de longue durée. Comme nous en avons discuté antérieurement, il serait avantageux d'avoir un fonds d'urgence de trois mois (plus long serait encore mieux). Les avantages à long terme seront plus nombreux si vous investissez dans un plan d'épargne sûr plutôt que de payer une assurance-invalidité de courte durée. Les primes d'assurance-invalidité de longue durée peuvent être diminuées si vous prolongez la période d'attente standard de trois à six mois. La période d'attente est semblable à une franchise ; c'est la période pendant laquelle vous êtes invalide et incapable de travailler avant l'entrée en vigueur de l'assurance. Si vous devenez temporairement invalide, vous ne perdrez pas tout instantanément. Si vous êtes blessé au travail, l'assurance contre les accidents de travail de votre employeur ou de l'État s'appliqueront ; vous aurez possiblement à choisir l'assurance chômage en plus de votre fonds d'urgence le cas échéant.

Conseils relatifs à l'achat et au remboursement de votre hypothèque

Vous pouvez obtenir une hypothèque à bien des endroits et la première règle à suivre est de faire le tour afin de conclure le meilleur marché. Si vos antécédents de crédit sont douteux, vous devrez possiblement demander à un parent d'être cosignataire. Bien que certaines offres puissent porter à confusion, vous devez effectuer les calculs afin de négocier la meilleure entente. Moyennant certains frais, un courtier en hypothèques vous aidera peut-être à dénicher une meilleure entente. Examinez cette option attentivement, puis évaluez le temps que vous devrez consacrer aux démarches et à la recherche par opposition aux frais du courtier. Cela est excellent si vous pouvez vous le permettre, mais obtenez et vérifiez les références du courtier avant de procéder. Un courtier peu scrupuleux peut vous diriger vers un ami offrant un taux plus élevé. Ainsi, le courtier reçoit un pot-de-vin et vous êtes le seul perdant.

En raison de la concurrence, plusieurs prêteurs hypothécaires proposent des marchés alléchants qui, à long terme, sont plus rentables pour eux que pour vous. Par exemple, ils vous offriront de l'argent afin de vous inciter à transférer votre hypothèque ou à en négocier une nouvelle. Cela semble intéressant jusqu'à ce que vous vous rendiez compte que le taux d'intérêt offert vous coûtera beaucoup plus que le montant proposé. Le même principe s'applique aux taux progressifs, bien que le taux de la première année soit très faible, les taux élevés des années subséquentes ne sont pas justifiés. En outre, méfiez-vous des attrapes éblouissantes.

Commençons par la base. Plusieurs personnes visent à payer le montant le moins élevé possible lorsqu'ils deviennent propriétaires d'un immeuble, et cet aspect est en effet important. Vous aurez toujours des dépenses imprévues telles que les frais de clôture, les coûts de déménagement, l'achat de nouveaux meubles, la rénovation de la plomberie, la peinture, la décoration, etc. De plus, vous ne voulez pas être esclave de votre demeure. Certains prêteurs vous permettront d'emprunter un peu plus afin de couvrir ces dépenses additionnelles et ajouteront le montant à l'hypothèque. En réalité, vous voulez jouir d'un faible taux d'intérêt ; mais soyez prudent, veillez à ce que l'offre soit sans obligation ni frais cachés. Les démarches d'un prêteur à un autre, ou la menace de le faire vous permettra parfois d'économiser jusqu'à 1 % d'intérêt. Cela peut vous épargner des milliers de dollars. Vous éviterez aussi les frais supplémentaires tels que les frais de montage, simplement en menaçant d'aller ailleurs. Négociez toujours !

Si votre prêteur ne vous offre pas l'option de payer votre hypothèque à la quinzaine, cherchez un autre prêteur. Cette option vous permet d'effectuer deux versements supplémentaires par année. Par exemple, les versements mensuels comprennent 12 versements. En effectuant des versements à la quinzaine, vous payerez 26 demi-versements ou 13 versements complets par année. Si vous êtes rémunéré à la quinzaine, vous ne verrez jamais la différence et vous épargnerez des milliers de dollars.

Exemple :
Prêt de 100 000 $ à un taux d'intérêt de 7 % étalé sur 25 ans.

Mode de paiement mensuel :
700,42 $ (capital et intérêts) x 12 x 25 ans = 210 126 $
Intérêts payés = 110 126 $

Mode de paiement à la quinzaine :
350,21 $ (capital et intérêts) x 26 x 20,3 ans = 184 840,83 $
Intérêts payés : 84 840,83 $

Économie d'intérêts en raison du mode de paiement à la quinzaine : 25 285,17 $

Nota : Ne vous y trompez pas, il y a une différence entre les termes « à la quinzaine » et « bimensuel ». Le dernier vous permet simplement d'effectuer deux versements par mois. Une amie pensait profiter du versement à la quinzaine mais n'a rien épargné. Nous lui avons aidé à changer de courtier lors de son renouvellement.

Si vous êtes en mesure d'augmenter votre versement quelque peu, vous épargnerez davantage. Dans le cas où votre versement d'hypothèque à la quinzaine coûte 350,21 $ et qu'après avoir calculé toutes les autres dépenses telles que l'électricité, le téléphone, les impôts, le câble, l'assurance, etc., vous pouvez augmenter votre versement à la quinzaine de 35 $ (votre versement à la quinzaine serait alors 385,21 $). Ce montant additionnel (70 $ par mois) vous permettrait d'épargner des milliers de dollars en intérêts.

Exemple:
Prêt de 100 000 $ à un taux d'intérêt de 7 % étalé sur 25 ans.

Mode de paiement à la quinzaine :
385,21$ (capital et intérêts) x 26 x 16,10 ans = 161 248,90 $
Intérêts payés = 61 248,90 $

Montant épargné en augmentant le versement à la quinzaine de 35 $:
Un montant additionnel de : 23 591,93 $
Et l'hypothèque est repayée en seulement 16 ans et un mois !

Retournez au début : en payant le versement mensuel minimal, le coût de l'hypothèque serait de 210 126 $. Ces deux petites démarches vous ont permis d'économiser 48 878 $ ET huit ans et onze mois de versements !

Vous pouvez peut-être augmenter vos versements de plus que 70 $ par mois. Effectuez un versement plus élevé et regardez votre terme diminuer. Une autre chose est aussi possible. Certaines personnes aiment effectuer un montant forfaitaire annuellement. Si ce paiement est prévu au même moment qu'un boni annuel par exemple, cela est bien. Pour la plupart des personnes, d'autres dépenses, telles que les vacances, la réparation d'appareils ménagers, etc., surviennent et le montant s'envole. Il est plus facile de planifier quelques dollars de plus par versement et cette démarche est plus susceptible de se réaliser.

Bon nombre de personnes sont dans la trentaine lorsqu'elles achètent une première maison. D'autres ne sont pas en mesure d'acheter la maison rêvée avant la quarantaine ou plus tard. Si vous négociez une hypothèque de 25 ou 30 ans afin de payer des versements minimes, vous aurez à supporter le poids d'un versement important alors que vous songez à prendre votre retraite. En réalité, cela vous obligera peut-être à travailler cinq ou 10 ans de plus que vous aviez prévu.

Il nous est impossible d'échapper au sentiment que les gouvernements rendent service aux banques lorsqu'ils nous permettent de déduire le coût d'une hypothèque de nos impôts, car seules les banques profitent d'une hypothèque à long terme. Il est vrai que cela vous permet d'acheter une maison plus grande et plus dispendieuse, mais à quel prix ? Qu'arrive-t-il si vous n'avez pas de travail pendant une période prolongée ? Et si vous voulez prendre une retraite anticipée ? Effectuez vos versements afin d'accroître votre équité et d'avancer. Le meilleur bénéficiaire de votre argent auquel nous pouvons penser, c'est vous !

Alan écrit : « Lorsque j'ai acheté ma première maison, j'ai été très chanceux car les taux d'intérêts, qui avaient atteint des sommets records, commençaient tout juste à chuter. Grâce aux économies réalisées au cours des trois dernières années, ma mise de fonds équivalait à deux tiers du prix de la maison. Le 150 000 $ restant a été financé à 14 % pour un terme de un an. J'ai choisi un terme de un an car j'anticipais qu'il y aurait des dépenses imprévues lors de l'achat d'une première maison. Je ne voulais pas de surprise si les taux remontaient encore dans les prochains six mois. Cependant, j'étais raisonnablement certain que les taux allaient chuter dans la prochaine année et le taux négocié était le plus faible possible. Le taux d'intérêt d'un terme de cinq ans était de 16 % à ce moment. Le coût mensuel était de 1 760,81 $. J'ai de bon gré augmenté le versement de 30 $ afin de payer un peu plus sur le capital. Le solde de mon hypothèque à la fin de l'année était de 148 852,11 $.

« Au moment de renouveler pour un terme de six mois, le taux avait chuté à 12,25 %. Comme j'avais toujours effectué mes versements dans les délais, j'ai négocié un taux de 11,75 %. Le nouveau versement mensuel était de 1 563,91 $. J'ai accepté le terme mais j'ai insisté de maintenir le même montant, qui faisait déjà partie du budget, et d'y ajouter 25 $ par versement, ce qui représentait un montant mensuel de 1 815,81 $. C'est ce que l'on qualifie de « versements accélérés », et la gentille dame du service des prêts m'a félicité de ma discipline. À ce moment, j'ai commencé à payer 251,90 par mois sur le capital. Après 18 mois, le solde de mon hypothèque était de 146 438,46 $

« Six mois plus tard, le taux était passé à 10 %, et j'ai négocié un taux de 9,75 %. J'ai aussi ajouté 50 $ par mois ce qui a fait passer mon versement mensuel à 1 865,81 $. »

« Je paie maintenant 731,47 $ par mois envers le capital. Pendant cette période, j'ai réussi à vendre, à un pays étranger, l'enregistrement d'un ancien programme dont ma partie du droit d'agrément équivalait à un montant non budgété de 7 610 $. Comme cet argent était imprévu, et que je l'ai reçu quelques semaines avant le renouvellement de mon hypothèque, j'ai remis 7 500 $ à la responsable des prêts (le reste a servi à l'achat d'une excellente bouteille de vin). Le solde de mon hypothèque était de 130 160,39 $ après 30 mois.

Au moment du prochain renouvellement, les taux avaient chuté à 8 % et la responsable des prêts me jetait un regard suspect à chaque fois que j'entrais dans la banque. Entre-temps, j'avais lu qu'il existait maintenant un nouveau mode de remboursement, notamment les versements à la quinzaine tel qu'il a été mentionné ci-dessus. Cette fois, je lui ai dit que j'allais célébrer le fait que les affaires étaient bonnes et que plutôt de maintenir mon versement de 1 865,81, j'allais modifier la fréquence des versements en plus de les augmenter. J'ai décidé d'effectuer des versements de 1 000 $ à la quinzaine. Cela peut sembler quelque peu farfelu, mais en toute vérité, je dois avouer que je travaillais activement dans l'industrie de la musique à ce moment. Par conséquent, je n'avais aucuns frais indirects liés au divertissement, car j'étais constamment invité aux lancements de spectacles, aux premières de films et de concerts et l'on m'offrait une foule de consommations et de repas. Heureusement, ma tolérance à l'alcool est faible et je n'ai jamais succombé à ce démon comme le font tant d'autres dans ce domaine. En outre, d'autres sociétés payaient pour toute cette socialisation, ces célébrations et ces voyages, et mes honoraires ne pouvaient servir qu'à réduire mon hypothèque ou à renflouer mon plan d'épargne retraite.

Cette tendance s'est maintenue alors que les taux d'intérêts continuaient à chuter et la responsable des prêts faisait tout en son possible pour éviter de me rencontrer. Le dernier taux d'intérêt applicable à mon hypothèque était de 6 % et après quelques années de versements à la quinzaine au montant de 1 000 $, je payais seulement 295,48 $ en intérêts, tandis qu'un montant de 1 409,04 $ s'appliquait au capital à tous les mois. J'ai réussi, à la détresse de la responsable des prêts, à repayer mon hypothèque de « 25 ans » en moins de 10 ans. À mon avis, il était plus avantageux pour moi de consacrer mon temps, mes énergies et mon argent à mon propre enrichissement. »

Il est très facile de dépenser. Notre système économique est conçu de façon à ce que votre carnet de chèques emprunte le chemin le plus court et le plus facile pour s'envoler dans la poche d'un autre. L'on vous harcèle quotidiennement d'annonces spécialisées visant à vous convaincre que vous serez mieux, plus joli ou que vous aurez un sentiment de mieux-être si vous achetez certains produits ou services. Les personnes riches ne s'abandonnent pas à ces mythes. Vous ne devriez pas y succomber !

> La richesse est largement attribuable à l'habitude.
> [Traduction]
>
> – Jack Astor

À la lecture du présent chapitre, vous devriez avoir appris deux choses. D'abord, l'examen minutieux de vos dépenses vous permettra généralement de conclure qu'il est possible de vivre sans plusieurs des choses que vous tenez pour acquis. Deuxièmement, plus vous devenez un consommateur averti, plus vous conserverez d'argent dans votre propre compte de banque. Le fait d'obtenir la meilleure valeur possible pour votre argent est un jeu et, après quelque temps, vous vous y amuserez. Le présent chapitre traite de certaines ressources fondamentales qui vous aideront à garder l'argent dans votre poche. La prochaine étape vise à ce que vous puissiez apprécier la valeur réelle de vos actifs actuels et de les utiliser pour favoriser vos objectifs.

Prenons quelques instants pour revoir les points clés présentés dans ce chapitre.

1. Que puis-je faire pour vivre sobrement et retarder la gratification immédiate ?

2. Quelle est la différence entre le revenu et la fortune ?

3. Qu'est-ce que j'ai appris en remplissant l'indicateur d'indépendance financière ?

4. Quelle est ma définition d'un « budget » ?

5. Quelle est mon attitude par rapport à la création et à l'application d'un budget ?

6. Que dois-je faire pour m'assurer de respecter le budget ?

7. Qu'ai-je appris sur mes habitudes en matière de dépenses après avoir rempli le suivi financier mensuel ?

8. Dans quels domaines dois-je réduire mes dépenses ?

9. De quelle manière dois-je utiliser l'image instantanée de ma situation financière pour atteindre mes buts ?

10. Quelles méthodes visant à « maximiser le dollar » feront partie de mon nouveau bagage de comportements ?

11. Quelles démarches suivrai-je pour éviter les pièges financiers des voleurs de fortune ?

5

COMPORTEMENT DONNANT LIEU A UN AVANTAGE STRATEGIQUE :
Moins de débits, plus de gains

Trinidad est un merveilleux pays tout à fait au Nord de l'Amérique du Sud. Lors de nos nombreux voyages à cet endroit, la température n'a jamais été inférieure à 80o. Le gouvernement de ce pays nous avait invités à tourner une émission de télévision visant à rehausser l'estime de soi chez les adolescents. La société de production locale, un excellent partenaire, avait prévu nous loger dans un hôtel cinq étoiles qui surplombait Port of Spain, la capitale du pays.

Un soir, en dînant, nous mettions au point la logistique relative à l'écriture et à la publication du présent livre. Admirant les palmiers et les bougainvillées autour de nous, nous avons conclu qu'il serait bon de déplacer notre « bureau » vers le Sud. Au verso d'une serviette de table, nous avons tracé notre objectif - un centre de villégiature dans une île des Antilles pendant quatre semaines non consécutives, « tout compris » afin que nous puissions concentrer toutes nos énergies sur l'écriture. Une fois l'objectif établi, plusieurs possibilités s'offraient à nous. Il nous était possible de choisir un centre de villégiature, sortir nos cartes de crédit et profiter du fait que le voyage serait déductible étant donné que la majorité du temps serait consacrée à l'écriture du livre. Par suite d'un débat plus approfondi et d'une autre ronde de bière Carib, nous avons décidé d'être un peu plus créatifs. En fait, nous visions à ce qu'un centre de villégiature nous offre le voyage gratuitement.

Quel avantage stratégique pouvions-nous imaginer afin d'inciter un centre de villégiature à penser comme nous ? C'est ce que l'on peut qualifier d'enjeu à trois Carib. Finalement, Denis s'est rappelé une rencontre avec le responsable de la formation à la chaîne d'hôtels Sandals Resorts International. Cette rencontre avait eu lieu à la suite d'une conférence à l'intention des cadres en Jamaïque. Une des plus importantes chaînes de centres de villégiature au monde, Sandals est un leader en matière de service à la clientèle et un partisan de la formation systématique des employés.

Nous avons communiqué avec les responsables chez Sandals et, mettant à profit nos 25 ans d'expérience combinée, nous avons accepté d'offrir un atelier d'une journée axé sur le service à la clientèle en échange de l'hébergement pour deux pendant une ou deux semaines, ce qui nous permettrait d'écrire ce livre. Grâce à leurs rapports avec d'autres centres de villégiature de luxe dans les Antilles, une entente semblable a été mise sur pied en regard d'autres semaines de formation et d'écriture. Les centres étaient tellement heureux des résultats de l'atelier que dans chaque cas, ils nous ont offert des suites de luxe. En réalité, nous avons tiré profit de nos habiletés afin d'atteindre notre objectif et de satisfaire toutes les parties concernées. Les centres nous ont tous spontanément offert des lettres de remerciements élogieuses qui, nous ont permis de négocier, au cours de la dernière année, d'autres ententes dans des hôtels partout au monde. Cela a aussi donné lieu à de nouvelles occasions d'affaires. Il ne nous reste plus qu'à trouver un levier pour la brasserie Carib.

Vous devrez affronter plusieurs obstacles sur la route de la fortune, mais si vous utilisez le pouvoir qu'offrent les avantages stratégiques, vos chances de réussite seront meilleures. Pour tirer parti du pouvoir qu'offrent les avantages stratégiques, vous devez comprendre comment utiliser vos avantages avec plus d'efficacité. Le meilleur moyen d'accroître votre pouvoir dans ce domaine est d'acquérir plus de savoir, puis de combiner ce savoir au perfectionnement de vos habiletés. Le présent chapitre vous proposera trois façons de prendre avantage de vos comportements quotidiens afin de vous enrichir.

Le meilleur exemple d'un avantage stratégique est ce que l'on appelle un emploi. Dans ce cas, nous prenons avantage de notre temps, de nos énergies et de nos efforts contre un tarif horaire ou une rémunération. Notre premier objectif est de vous associer à l'emploi idéal, c'est-à-dire, un travail qui vous offre non seulement une rémunération, mais aussi un sentiment de rapprochement. La passion pour votre travail donnera lieu à une plus grande satisfaction et vous aidera à être plus productif. Plus une personne est productive, meilleure sera sa compensation. Lorsqu'un employeur évalue la valeur d'un employé, il tient compte d'une combinaison de 26 caractéristiques typiques (voir la page 00). Dans la présente section, nous vous apprendrons à mieux comprendre ces caractéristiques afin de renflouer votre compte de banque. Plus vous en possédez, plus votre valeur en tant qu'employé sera grande.

AGENT LIBRE

Si vous choisissez d'être un employé pour des raisons sociales, de sécurité ou d'autres encore, vous devriez vous considérer comme un agent libre. Tout comme dans les sports, où les athlètes sont « loués » (leur talent, habiletés et marque) au plus offrant pour la durée d'un contrat, vous devriez penser à louer votre esprit, votre expérience, vos habiletés et votre réseau à l'employeur le plus offrant. En réalité, aucun organisme ne peut vous offrir une sécurité d'emploi. En outre, en tant qu'agent libre, vous investissez dans votre croissance personnelle et professionnelle, ce qui vous apporte la meilleure forme possible de sécurité d'emploi.

L'investissement est une autre forme d'avantage stratégique. Dans ce cas, nous prenons avantage de l'argent pour faire de l'argent. Le scénario idéal est de vivre selon ses moyens ET d'afficher un surplus minimal de 10 %. Un tel fonds vous permettra d'avancer rapidement vers la fortune. Selon un grand nombre de personnes, il est nécessaire d'avoir un montant d'argent considérable pour devenir millionnaire. Cela est faux. Par exemple, si un individu qui travaille à salaire minimum économise 100 $ par mois et l'investit judicieusement, il accumulera un montant impressionnant au cours de sa vie active. Une économie de 25 $ par semaine, à compter de 21 ans, investit à un rendement de 10 % générerait 1 041 396 $ à 65 ans. Une fois que vous avez pris l'habitude d'épargner, il est beaucoup plus facile d'accumuler des fonds additionnels. Après quelques années et une augmentation de salaire, notre ami économisera peut-être 50 $ par semaine. Tout d'un coup, il aura un portefeuille et une indépendance honorables.

La troisième et moins commune, bien que la plus puissante forme d'avantage stratégique visant à générer la fortune s'intitule Sources de revenus multiples (SRM). La personne qui crée sa propre entreprise à temps plein ou sa propre entreprise à temps partiel (souvent à partir d'un passe-temps) en plus d'un emploi à temps plein, voilà des SRM. La recherche indique que 74 % de tous les millionnaires fils de leurs œuvres tirent leurs bénéfices de leurs propres entreprises. Ce genre d'avantage stratégique comporte des idées originales et de la créativité visant à générer une fortune.

MODÈLES D'AVANTAGES STRATÉGIQUES

Avantage stratégique typique de temps et d'effort : l'emploi

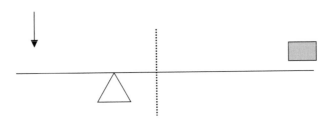

Avantage stratégique typique relatif à l'argent : l'investissement

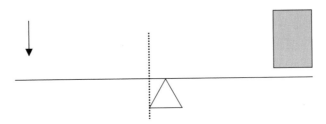

Avantage stratégique typique relatif à la créativité : Sources de revenus multiples

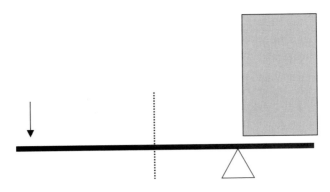

> La sécurité n'existe pas sur la terre. Seules les possibilités existent. [Traduction]
>
> - Général Douglas MacArthur

Le schéma ci-dessus dépeint le pouvoir des avantages stratégiques. Il importe de maximiser votre propre avantage stratégique en améliorant vos habiletés et vos connaissances tout en axant votre attitude et vos comportements sur l'enrichissement.

Alan raconte l'anecdote de Len. « Len est un homme plaisant, extrêmement intelligent et érudit qui est passionné des livres portant sur la psychologie et l'apprentissage. Il est formateur de profession, à l'emploi d'une grande société. Lors de la récente fusion de cette société avec une autre, son poste est devenu excédentaire et son emploi devait prendre fin dans trois mois. Pendant ce temps, il devait se présenter quotidiennement au travail, bien qu'aucune attente ne lui était imposée. Lorsque je lui ai demandé comment il passait ses journées, il m'a répondu qu'il consacrait la majorité de son temps à la lecture. Cela est, sans aucun doute, une activité appréciable, mais je croyais qu'il aurait mieux fait de dévouer son temps à trouver un nouvel emploi ou à mettre sur pied sa propre entreprise. Je lui ai demandé si son bureau était muni d'un téléphone et d'un ordinateur avec accès à Internet, et il m'a répondu dans l'affirmative. « Alors pourquoi ne cherches-tu pas une nouvelle carrière ou un nouvel emploi ? », lui ai-je demandé d'un air surpris. « Je ne crois pas que ma patronne apprécierait cela », a-t-il répondu. « Que peut-elle faire ? Te mettre à la porte ? C'est déjà fait. Je ne vois pas ce que tu as à perdre » a énoncé le cynique. « D'abord, je doute que cela soit juste pour la société qui, après tout, me paye encore et deuxièmement, si ma patronne était en désaccord, elle refuserait peut-être de me donner une lettre de recommandation. » « Très bien, maintenant examinons ce scénario : approche ta patronne et propose-lui d'utiliser le matériel multimédia dispendieux sur place pour enregistrer une de tes séances de formation. Cela ne leur coûterait rien et ils auraient ensuite une cassette qu'ils pourraient utiliser sans frais pendant des années. Entre-temps, tu offriras une caisse de bière à l'éditeur interne et lui demanderas de prendre une heure ou deux à personnaliser le début de l'enregistrement pour toi afin que tu puisses l'utiliser pour démontrer tes talents de formateur. C'est peut-être l'avantage dont tu as besoin pour trouver un nouvel emploi, ou, lorsque tu seras prêt, pour lancer ta carrière de formateur indépendant. » « Je doute que la société soit en faveur d'une telle initiative », a-t-il répondu.

« À ce point, j'ai mis fin à la conversation car je sentais qu'il refusait de mettre en danger sa seule source de revenus. Et je respecte cette pensée. Malgré ses nombreux attributs positifs, Len ne manifeste pas « l'esprit d'initiative » dont font preuve tous les entrepreneurs. Voilà une qualité déterminante qu'il est bon de reconnaître. Ainsi, Len devra concentrer ses énergies sur l'épargne et l'accroissement d'un solide portefeuille qui, s'il est sérieux, donnera lieu à une retraite anticipée. Il devrait tout de même lire la section C de ce livre en cas de changement dans le futur. Il est possible qu'un jour il ait plus confiance en ses habiletés et qu'il soit assez à l'aise pour poursuivre la route de l'indépendance. Peut-être aussi se sentira-t-il contrarié dans son travail et forcé de poser un geste autonome. »

Len est le reflet d'une attitude commune. En outre, nous vous conseillons d'examiner minutieusement vos comportements afin de déceler cette caractéristique. Si tel est le cas, ne vous en faites pas, tout va bien et vous êtes en bonne compagnie. Évitez les nuits blanches pour le moment. Ne songez même pas à emprunter la route de l'indépendance à cette étape de vote vie. Les bénéfices n'en valent pas les coûts. Axez vos efforts sur la sobriété et l'accumulation d'un plan d'épargne et de placements.

Prenons par opposition, la situation de Sabena, une jeune hôtesse plaisante et dynamique avec qui nous avons fait connaissance lors d'une conférence en radiodiffusion à Los Angeles quelques années passées. Comme elle voulait ardemment œuvrer dans le domaine elle avait offert bénévolement son temps à l'entreprise qui nous avait embauchés.

À l'occasion, un de nous avait une idée visant à renforcer le profil de notre client. Avant que l'un puisse exprimer l'idée complète à l'autre, Sabena était déjà à la recherche de la personne idéale pour mettre le plan à exécution. À la fin de la conférence, pratiquement tous les participants étaient conscients de sa présence et très impressionnés de sa capacité de réseautage. Les seules contraintes étaient son niveau peu élevé de scolarité et son manque de connaissances dans le domaine de la radiodiffusion. Nous lui avons proposé une gamme de livres à lire, puis nous lui avons aidé à choisir et à s'inscrire à un programme de radiodiffusion dans un collège communautaire. Avant la fin de cette même semaine, elle avait commencé à lire les livres et était inscrite au programme. Avant même avoir terminé le programme, une chaîne de radio importante l'avait embauchée. Dans le cas présent, sa connaissance fondamentale de l'industrie et son enthousiasme authentique l'ont emporté sur le besoin d'un diplôme. L'histoire, cependant, n'est pas terminée. Après 18 mois d'expérience en milieu de travail, elle a quitté afin de mettre sur pied une société d'experts-conseils avec des associés. Elle réalise présentement son rêve et est en contrôle de sa destinée. De plus, elle est bien rémunérée et investit sagement. Elle ne sera pas parmi les personnes qui vivent sous le seuil de la pauvreté au moment de la retraite.

Le présent chapitre invite le lecteur à franchir les étapes menant à l'indépendance financière de façon prudente, et insiste qu'il passe d'une étape à l'autre seulement s'il se sent à l'aise avec la dernière et confiant d'affronter la prochaine. Cela ne veut pas nécessairement dire que le processus sera lent. Le lecteur peut grimper l'échelle aussi rapidement ou lentement qu'il le voudra, en autant qu'il pose le pied sur chaque échelon. Nous sommes conscients que pour plusieurs, ces nouvelles stratégies et ces nouveaux comportements sont intimidants. C'est la raison pour laquelle nous vous présentons les étapes et vous laissons avancer à votre propre rythme.

Nous vous suggérons d'abord de maintenir la sécurité de vos emplois principaux tout en affectant une partie de vos revenus aux investissements visant à créer une fortune. Les premiers investissements et les plus faciles sont, notamment les fonds communs de placement, les fonds indiciels, les bons et les certificats de placement. Une fois que cette nouvelle tendance d'épargne est établie, nous vous encourageons d'utiliser ces gains ou d'autres fonds supplémentaires pour investir dans une petite entreprise personnelle. Vous pouvez démarrer l'entreprise à temps partiel, ne mettant pas en jeu votre revenu principal. Si votre premier essai n'est pas réussi, tirez profit de l'expérience et appliquez-la à une autre initiative. En bout de ligne, la petite entreprise devrait croître pour devenir la principale source de revenus.

QUATRE ACTIFS PERSONNELS À INVESTIR, ET NON À DÉPENSER

Chacun possède à un certain niveau les quatre actifs personnels suivants :

Malheureusement, la plupart des personnes tiennent ces biens pour acquis et ne les perçoivent pas réellement comme des actifs. Les adeptes du minimalisme dépensent souvent frivolement. Un brasseur d'affaires reconnaît l'importance du précieux actif que l'on nomme le temps et choisit consciemment les activités dans lesquelles il veut investir le temps. Si vous percevez quelque chose comme un actif, vous y accorderez l'attention nécessaire, c'est là la différence. Vous vous

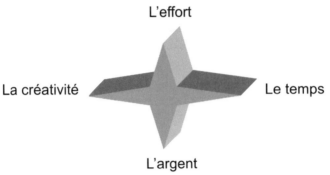

attendrez aussi à un rendement des investissements. Par exemple, si vous êtes propriétaire d'un cheval de course de trois millions de dollars, vous ne l'attellerez pas à une charrue afin de labourer les champs. Vous ne lui permettrez pas de boire de l'alcool et de fumer. Votre actif le plus précieux, c'est vous. Prenez bien soin de vous-même et ne vous dévalorisez pas. Misez sur votre propre cheval et non sur celui d'un autre. L'objectif vise à maximiser le rendement des investissements, pour chaque investissement.

DES COMPORTEMENTS DONNANT LIEU À DES AVANTAGES STRATÉGIQUES AU TRAVAIL

À notre avis, l'emploi idéal se caractérise par les cinq points suivants :

1. offre un revenu élevé ;

2. donne une occasion merveilleuse d'apprendre à gérer l'argent, soi-même et les autres ;

3. favorise le réseautage continu avec des personnes prospères ;

4. permet d'être amusant et offre une camaraderie ;

5. facilite l'exposition à diverses possibilités de Sources de revenus multiples.

Pour la plupart des personnes, l'emploi représente le moyen le plus facile de toucher un revenu. Si vous avez un emploi raisonnable et que vous adoptez les comportements dont nous avons discuté donnant lieu à l'enrichissement, vous serez sur la voie qui mène à une retraite aisée. Un emploi vous offre aussi le fondement à partir duquel vous pouvez bâtir d'autres sources de revenu telles qu'un emploi à temps partiel et une nouvelle entreprise, un sujet qui sera traité à la section

L'arbre des décisions financières

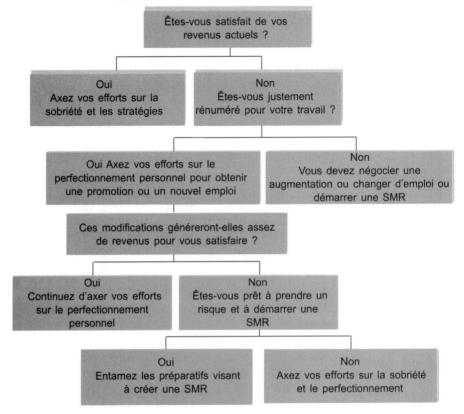

C. Ainsi, la première démarche consiste à vous trouver un emploi ou, possiblement, à demander un emploi plus approprié et plus rémunérateur.

Fondés sur les années d'expérience de Denis alors qu'il collaborait avec les employeurs à la recherche de personnel approprié, voici certains éléments clés qui déterminent le succès d'un candidat qui demande un emploi ou l'avancement à l'intérieur d'un emploi. Cette liste présume que vous avez déjà les qualifications et les compétences fondamentales exigées par l'emploi et que la ponctualité et l'habillement approprié ne sont pas une source de préoccupation.

Comprendre le point de vue de l'employeur

Encore une fois, tirez parti du pouvoir de l'immersion réelle en prenant la place de l'employeur. Tentez de comprendre la grande vision de l'entreprise et l'impact d'un poste en particulier. Analysez le travail et déterminez quelles, parmi les 26 valeurs suivantes, sont requises pour accomplir la tâche à un niveau record. Demandez-vous ensuite lesquelles s'appliquent à vous. Pour mieux comprendre comment pensent les employeurs, lisez des livres et des articles qui traitent de l'embauche (voir l'annexe 1), et pour en connaître davantage sur les façons dont Denis et Alan peuvent aider une société à embaucher et à retenir des employés exceptionnels, veuillez visiter notre site Web à www.abcsofmakingmoney.com.

Indicateur d'avantages stratégiques liés à l'emploi

Directives : Encerclez le chiffre qui indique à quel point l'énoncé est vrai dans votre cas (une cote de un représente jamais vrai, tandis qu'une cote de cinq représente toujours vrai).

Énoncé	Classement
J'ai la capacité éprouvée d'augmenter les ventes pour mon employeur.	1 2 3 4 5
J'ai démontré ma capacité de réduire les coûts.	1 2 3 4 5
J'ai les habiletés et les connaissances nécessaires pour améliorer une situation, quelle qu'elle soit.	1 2 3 4 5
Je découvre des moyens d'accomplir les tâches plus rapidement sans mettre la qualité en péril.	1 2 3 4 5
Je connais plusieurs façons à peu de frais et à impact élevé pour développer l'entreprise.	1 2 3 4 5
Je suis un professionnel et mes actions reflètent favorablement sur mon employeur.	1 2 3 4 5
Je suis constamment une source de renseignements opportuns et pertinents relatifs à l'emploi.	1 2 3 4 5
J'ai un effet direct positif sur le bénéfice net.	1 2 3 4 5
J'ai de l'expérience en matière de nouveaux territoires.	1 2 3 4 5
Je peux stabiliser une situation en diversifiant les risques.	1 2 3 4 5
Je connais des moyens de réduire les coûts de la main-d'œuvre sans nuire à la productivité et au moral.	1 2 3 4 5
Je sais comment obtenir l'appui du gouvernement.	1 2 3 4 5
J'aime renverser les situations négatives.	1 2 3 4 5
J'apprécie le défi que pose la création et le maintien d'un avantage concurrentiel.	1 2 3 4 5
Je peux participer à l'accroissement des ventes en modifiant l'emballage.	1 2 3 4 5
Je peux aider l'entreprise à éviter des soucis éventuels.	1 2 3 4 5
J'organise des projets complexes avec succès.	1 2 3 4 5

Je conçois des systèmes qui accélèrent
la marche du travail.   1 2 3 4 5

Je fournis ou j'obtiens systématiquement des
livraisons plus rapides et économiques.   1 2 3 4 5

Je suis en mesure de trouver une utilité pour les
vieux produits ou les produits de rejet.   1 2 3 4 5

Je peux animer une équipe de manière à ce qu'elle
donne un rendement supérieur.   1 2 3 4 5

Je peux réduire l'impôt de la société.   1 2 3 4 5

Je suis en mesure d'augmenter les actions rapidement. 1 2 3 4 5

Mon dossier de candidature témoigne que je réduis
les coûts d'inventaires.   1 2 3 4 5

Je peux maximiser le RCI (rendement du capital investi)
des systèmes et de la technologie d'information.   1 2 3 4 5

Je peux mettre sur pied une banque sans frontières
de clients fidèles.   1 2 3 4 5

Interprétation : Une cote de cinq pour l'un ou l'autre des énoncés émontre une force qui est très appréciée des employeurs actuels.

Questions à examiner :

1. Dans quels domaines dois-je concentrer mes énergies afin d'accroître mon rendement au travail ?
2. Quelle est la meilleure mesure à prendre pour améliorer mon rendement au travail ?
3. Mon emploi actuel exige-t-il tous mes talents ?
4. Est-ce que je devrais songer à trouver un nouvel emploi qui répondrait mieux à mes talents, me permettant ainsi d'être mieux rémunéré ?
5. Quels emplois ou quelles possibilités devrais-je fouiller plus à fond ?
6. Mon patron ou mon employeur éventuel est-il conscient de mes habiletés ?

Employeurs à la recherche de nouveaux employés - les 10 meilleures sources

1. Avancement à l'interne

Selon la théorie de motivation de Hertzberg, la reconnaissance des employés est classée comme un des plus importants facteurs de motivation. Ayant cette pensée en tête, plusieurs employeurs estiment que les employés existants sont leur première source de recrutement en fonction d'une politique d'avancement à l'interne. Les employeurs perspicaces reconnaissent que le fait d'écarter les employés existants en matière d'avancement est une façon infaillible de miner le moral et la productivité et d'augmenter le roulement du personnel. Un employeur de choix favorise de plein gré l'avancement à l'interne, une stratégie qui lui permet de retenir les meilleurs employés. Il faut saisir l'occasion de connaître qui sont ces employeurs et de décrocher un emploi avec eux.

2. Propositions des employés

Bon nombre d'employeurs se tourneront vers des employés de confiance à la recherche de conseils et d'aide. Ainsi, ces derniers proposent des amis ou des connaissances pour combler les postes à pourvoir. Cette méthode offre plusieurs avantages. La personne proposée est plus susceptible d'avoir des attentes réalistes par rapport à l'emploi et à l'entreprise car l'employé lui aura présenté les avantages et les inconvénients qui accompagnent le travail. De plus, l'employé qui propose une autre personne ne veut pas perdre la face et, selon toute vraisemblance, recommandera une personne qui est en mesure de bien effectuer le travail à long terme. La clé ici, c'est d'établir un réseau de personnes susceptibles de vous proposer à leur employeur.

3. Recrutement en direct

En novembre 2002, plus de 600 millions d'utilisateurs Internet ont été enregistrés. De ces derniers, 38 % ont utilisé Internet à l'occasion de leur recherche d'emploi (Source : www.commerce.net).

Tout un monde virtuel se déploie à une vitesse phénoménale offrant des possibilités d'apprentissage et de rémunération comme jamais auparavant. Internet est devenu une des sources de recrutement préférée de bon nombre de sociétés. En raison de sa grande popularité en matière de recherche d'emploi, en janvier 2002, plus de 20 millions de *curriculum vitae* avaient été enregistrés dans Internet. Quatre-vingt quatorze pour cent des diplômés postsecondaires américains à la recherche d'un emploi utilisaient Internet. Denis prédit que d'ici à la fin de 2003, 95 % de toutes les sociétés de 10 employés ou plus adopteront le recrutement en direct dans l'ensemble de leur stratégie de recrutement. Les entreprises utiliseront deux méthodes principales de recrutement en direct : le site Web de la société et les portails de recrutement en direct. Selon la première méthode, la société affiche les possibilités d'emploi à la section de sa page Web qui traite des perspectives de carrière ou d'emploi. Lorsque la personne en quête d'emploi clique sur le site, elle peut examiner les différentes possibilités d'emploi et se renseigner davantage sur le poste et la société, et dans bien des cas, présenter sa demande en direct.

Selon la deuxième méthode, un portail de recrutement en direct est offert par un tiers ; c'est-à-dire, une société de tiers affiche en direct toutes les possibilités d'emploi offertes par ses clients. En général, le chercheur peut visionner toutes les possibilités ainsi que présenter une demande gratuitement. Les employeurs, qui sont les clients du portail, paient les dépenses. Les adresses URL suivantes sont parmi les portails de recrutement en direct les plus importants et les plus reconnus :

www.monster.com
www.careers.yahoo.com
www.ecruiter.com
www.hotjobs.com
www.jobshark.com
www.workopolis.com

Pour profiter de cette fabuleuse réserve d'occasions d'emploi, vous n'avez qu'à vous brancher en direct à la maison, à la bibliothèque locale ou à un cybercafé, utiliser votre outil de recherche préféré et, pour commencer, visiter les six portails précités. Selon notre expérience, les six portails génériques suggérés traitent les clients de façon professionnelle et respectueuse. Générique veut dire que ces portails ne s'adressent pas à une industrie ou à un pays particulier. En effet, ils affichent des occasions d'emploi partout au monde, allant des postes de premier niveau à des postes de niveau exécutif et des secteurs publics aux secteurs privés. Ils sont tous bien établis, et sont perçus comme des professionnels par les employeurs et les chercheurs d'emploi à la fois. N'oubliez pas que dans les meilleurs sites, les personnes à la recherche d'un emploi ne sont pas tenues de payer des frais.

4. Agences de placement privées

Les employeurs ont souvent recours aux services d'une agence de placement pour la publicité et la présélection des demandeurs. Dans certains cas, l'agence effectuera la première entrevue, et dans la majorité des cas, un représentant de la société concernée mènera la dernière entrevue. En général, le chercheur n'est pas tenu de payer des frais. La société assume les frais relatifs à l'agence. Les agences de placement offrent aussi un autre précieux service, communément connu comme le recrutement des cadres ou la prospection de talents. Les professionnels du recrutement des cadres ont, aux fins de sélection, des listes exhaustives de personnes, tant sans emploi que sous-rémunérées. Souvent, ces professionnels communiquent avec les chercheurs d'emploi passifs afin de leur décrire une occasion d'emploi. En d'autres mots, ils utilisent des mesures anticipatoires pour trouver les demandeurs éventuels plutôt que de rester près du téléphone à attendre une réponse à l'annonce d'emploi. Le meilleur moyen d'être approché par une telle agence lorsque l'occasion rêvée se présente, est de connaître des personnes qui y travaillent et de systématiquement leur fournir un *curriculum vitae* à jour.

5. Candidatures spontanées

Plusieurs employeurs du domaine de la vente et service placent une affiche dans la fenêtre indiquant « Employé demandé », afin d'attirer l'attention des chercheurs éventuels qui risquent de passer.

Sophia, une entrepreneure et propriétaire d'une boutique de haute couture pour femmes, affirme que les candidatures spontanées sont sa source première de recrutement de personnel de vente. En raison de sa clientèle restreinte et exclusive, Sophia pose toujours cette importante questions aux candidats qui se présentent elle-mêmes : « Quand avez-vous effectué votre dernier achat ici ? ». Une personne qui a déjà fréquenté la boutique de Sophia est plus susceptible d'avoir des affinités avec la clientèle et de mieux réussir comme vendeuse, ce qui explique l'importance de cette question.

Avant d'entrer spontanément pour répondre à une demande d'emploi, le demandeur devrait prendre le temps d'enquêter sur la société, de déterminer les possibilités et les défis que doit affronter l'entreprise, et d'analyser comment ses propres habiletés et capacités pourront être utiles à la société. Après avoir effectué la recherche, le demandeur approchera la société en fixant une courte entrevue d'information et/ou déposera son *curriculum vitae*.

6. Journaux

La publicité affichée dans la chronique sur les perspectives de carrière ou d'emploi est l'une des sources de recrutement les plus utilisées. Veuillez toutefois vous méfier des petites annonces « anonymes ». Ces annonces ne dévoilent aucun renseignement sur l'employeur et vous demandent de soumettre votre demande à une boîte postale. Vous ne serez peut-être pas enchanté de l'employeur une fois que vous connaîtrez son identité et vous serez incapable de personnaliser votre CV en fonction de ses besoins. Renversez les rôles et placez votre propre demande au milieu des perspectives d'emploi. Les responsables de ressources humaines lisent ces annonces et une annonce bien conçue retiendra leur attention. Visiblement, la rémunération éventuelle de l'emploi dont vous recherchez doit être assez intéressante pour justifier la dépense d'une telle publicité.

7. Associations professionnelles

Les associations professionnelles offrent tout un bassin aux employeurs à la recherche d'une grande réserve d'employés talentueux dans un domaine précis. La clé qui permet de tirer profit de cette source, est ce que l'on qualifie les Quatre C :

Congrès et conférences. La plupart des employeurs se rendent compte que les meilleures personnes ont déjà un emploi ou ne cherchent pas un emploi pendant une longue période. Les congrès et les conférences sont des endroits idéaux pour rencontrer de telles personnes. Par exemple, un employeur à la recherche d'un ingénieur participera à la conférence annuelle de la société des ingénieurs et fera du réseautage auprès des personnalités dynamiques de l'industrie afin de connaître les personnes qui prévoient changer de carrière.

La participation aux congrès et aux conférences dans le but d'améliorer vos habiletés, vos connaissances et votre réseau, voilà la clé. À notre avis, les employeurs éventuels estimeront que vous êtes la crème de la crème.

Comités. Votre participation à plusieurs comités d'une association représente une autre façon selon laquelle vous pouvez utiliser les associations professionnelles comme sources d'occasions d'emploi. Ce genre de réseautage vous donnera l'occasion de rencontrer des employeurs éventuels à la recherche de compétences particulières.

Circulaires. La plupart des associations professionnelles produisent des circulaires, c.-à-d., des bulletins d'information, des bulletins, etc. qui sont systématiquement distribués à tous les membres. Ces publications sont un excellent moyen d'afficher les annonces de recrutement.

8. Journées portes ouvertes

Les journées portes ouvertes, une autre méthode de recrutement, se sont aussi avérées un succès pour bon nombre de sociétés. Habituellement, une annonce publicitaire ou une affiche présente les détails de la journée portes ouvertes. Par exemple, dans le domaine de l'immobilier, un courtier chez Century 21 met sur pied une journée portes ouvertes à son bureau (ou dans un autre endroit approprié) et met en lumière les possibilités d'emploi à même l'industrie de l'immeuble et leur organisation particulière.

Une journée portes ouvertes est une excellente occasion de connaître une industrie plus à fond sans intimidation. Ainsi, si une personne est intéressée à poursuivre une carrière dans le domaine de l'immobilier, elle pourra entamer le processus de demande. Les industries qui utilisent cette méthode de recrutement sont entre autres, les compagnies d'assurance, les institutions financières et l'industrie automobile.

9. Organismes bénévoles

De plus en plus, les organismes bénévoles retiennent l'attention des employeurs en tant que source d'employés éventuels. Prenons l'exemple d'une société à la recherche d'un superviseur qui ne semble pas trouver la personne idéale. L'organisme bénévole est un endroit non traditionnel où trouver une personne qui affiche de tels talents. Par exemple, une personne qui met sur pied une campagne de financement en télémarketing pour la fondation du cœur locale sera responsable, entre autres, de l'organisation et de la coordination de la campagne, en plus d'enflammer des douzaines de bénévoles afin d'atteindre l'objectif prévu. Une telle personne jouit habituellement d'habiletés exceptionnelles en communications interpersonnelles et en motivation et d'aptitudes de leadership innées.

Superviser un groupe de bénévoles pose tout un défi, car ces personnes travaillent ardemment sans rémunération. Par conséquent, il est impossible d'utiliser un incitatif financier ou la crainte de perdre l'emploi comme motivation. Néanmoins, un capitaine efficace dirigera son équipe et l'aidera à surmonter les nombreux obstacles, tout en atteignant les objectifs de la campagne de financement. Les personnes douées dans le domaine du recrutement comprennent ces principes et recherchent activement des bénévoles qui ont une attitude positive et des compétences polyvalentes. Le bénévolat vous permet de poser un geste généreux envers la communauté, de perfectionner vos habiletés, d'acquérir des connaissances et possiblement de découvrir l'emploi idéal !

10. Compétiteurs, clients et fournisseurs

À l'été 1982, Denis dirigeait une franchise de Pizza Hut, et vivait une journée plutôt moche. À l'intérieur de deux heures, deux serveuses et un serveur l'ont informé qu'ils quittaient leur emploi (chacun pour des raisons personnelles) à la fin de la semaine. « À la lumière de ce dilemme, j'ai fait ce que tout bon gestionnaire de Pizza Hut ferait, je suis allé au restaurant McDonald. Je me suis positionné dans un endroit stratégique me permettant de surveiller l'activité au comptoir.

« J'ai remarqué une jeune fille (du nom de Leslie) qui surclassait les six autres travailleurs de la ligne. Leslie vendait plus de frites, de boissons et de desserts que ne le faisaient la moitié des vendeurs rassemblés. Alors que ses coéquipiers répétaient d'une voix ennuyeuse, « Désirez-vous autre chose ? », Leslie s'affairait amicalement et naturellement à vendre d'autres articles à ses clients.

« Après l'avoir observé pendant environ une demi-heure, y compris son attitude professionnelle envers un homme en état d'ébriété qui lui a fait des remarques à caractère sexuel, j'étais convaincu qu'elle possédait tous les attributs nécessaires pour travailler dans mon restaurant.

« J'ai approché Leslie, je me suis présenté puis, je lui ai demandé quel était son tarif horaire. Elle m'a répondu : « 3,50 $ de l'heure », ce qui était le salaire minimum à ce moment. Je lui ai demandé si elle serait intéressée à travailler à un tarif de 7 $ l'heure, minimum garanti. Ses yeux se sont écarquillés, puis elle s'est penchée vers moi en demandant « Est-ce légal ? ». J'ai répondu que non seulement cela était légal, mais que le travail que je lui offrais serait plus agréable que son emploi actuel.

« J'ai expliqué ma position, mon dilemme et l'occasion que je lui offrais. Elle m'a demandé comment elle pouvait tirer profit de cette offre et je lui ai répondu : « Prends ton manteau, saute le comptoir et allons travailler ! » Sa réponse a été surprenante : « Je suis désolée M. Cauvier, je ne peux accepter votre offre sans donner un avis de deux semaines à mon employeur ». À ce moment, j'ai pensé lui présenter un ultimatum du genre, « Accepte mon offre maintenant ou jamais », mais j'ai décidé de ne pas réagir aussi rapidement. Après tout, si elle avait la gentillesse de donner un avis à son employeur, elle ne me laisserait probablement jamais tomber. Voilà un bel exemple d'une personne ayant une bonne attitude.

« Nous avons conclu une entente selon laquelle elle commencerait à travailler pour moi deux semaines plus tard. Lorsqu'elle m'a demandé si elle pouvait faire autre chose pour m'aider, j'ai répondu : « Y a-t-il d'autres employés qui pourraient m'intéresser ? » Elle m'a proposé d'observer la jeune fille au comptoir de commandes à emporter et de surveiller la cuisine. « Vous n'êtes pas sérieuse, pas le cuistot ! », ai-je répondu. « Prenez quelques instants et observez ces personnes, à mon avis, vous serez bien impressionné », a-t-elle ajouté. La jeune fille au comptoir de commandes à emporter avait beaucoup d'entregent avec les clients et était très efficace, tandis que le cuisinier avait les qualités d'un vrai leader. Il favorisait le soutien des équipes et donnait le ton à toutes les activités de la cuisine. Ses aptitudes en relations humaines surpassaient grandement ses années. Les trois employés ont changé d'emploi.

« Quatre ans plus tard, j'ai eu l'occasion de visiter la succursale de Pizza Hut et j'ai appris que les deux femmes serveuses travaillaient maintenant comme représentantes commerciales non itinérantes et que le jeune homme occupait maintenant un poste de gestionnaire au sein de la société. »

Cet exemple souligne combien il est important de donner votre meilleur rendement au travail ; vous serez perçu comme un employé clé aux yeux de votre employeur, de ses compétiteurs ainsi que vos clients, qui auront tous, à un moment donné besoin d'embaucher une personne. Vous serez peut-être cette prochaine personne.

Les démarches visant à obtenir un emploi idéal sont semblables à celles qui permettent de conclure une entente importante. Pour trouver et obtenir l'emploi idéal, vous devez d'abord et avant tout mettre en valeur vos habiletés.

Vous devrez mettre en valeur vos habiletés si vous voulez être remarqué des employeurs éventuels. En affaires, un spécialiste du marketing efficace utilisera divers outils pour sensibiliser le marché ciblé et créer une impression favorable dans leur esprit. Les promotions, les relations publiques, la publicité et les annonces sont tous des outils utilisés à ces fins. Cependant, bien que le spécialiste du marketing réussisse à créer une impression favorable dans l'esprit du consommateur, il n'y a aucune garantie que le consommateur ciblé effectuera l'achat.

La deuxième habileté à mettre en valeur pour tirer profit des efforts du spécialiste en marketing, c'est la vente. Des habiletés de vente efficaces permettront d'établir une relation entre l'entreprise et l'acheteur, de découvrir les exigences précises de ce dernier par rapport au produit ou service offert, de contrer toute objection, de négocier les meilleurs termes possible et finalement de conclure l'entente.

Lorsque vous recherchez l'emploi idéal, vous devez utiliser ces deux habiletés essentielles. D'abord vous devez être remarqué des employeurs pertinents, puis décrocher l'emploi idéal selon des conditions idéales (rémunération, avantages, possibilités de formation et d'avancement). Denis présente un exemple de la rentabilité de cette pensée.

« Plusieurs années passées, une jeune femme m'a approché par suite d'un colloque afin que je puisse l'aider à approcher une société particulière et demander un emploi qui l'intéressait. Elle allait recevoir un diplôme pour avoir suivi un cours de deux ans en dessin industriel, et en raison de sa recherche, avait appris que la société d'architecture la plus renommée de la ville cherchait à embaucher deux stagiaires en dessin industriel. Elle a aussi appris que les postes attireraient une importante concurrence, mais malgré son manque d'expérience professionnelle, elle était résolue de faire tous les efforts possibles pour décrocher le poste. Je lui ai proposé de se renseigner sur les enjeux et les défis que devait affronter l'entreprise et de songer à son rôle quant à la solution.

« Après plusieurs jours de recherche elle m'a fait rapport que le nouveau président-directeur général voulait inculquer une attitude axée sur la vente et le service à la clientèle auprès de tous les employés. En raison de ces renseignements, je lui ai suggéré de modifier son CV et son dossier de présentation. Par conséquent, nous avons réimprimé son CV sous forme de « bleu », y compris une légende et des symboles de dessin industriel. Son nouveau CV était maintenant une brochure qui racontait ses habiletés, ses connaissances et sa formation professionnelle tout en mettant en lumière son talent et sa créativité. Elle a ensuite écrit sa lettre de présentation sous forme de lettre de prospection qui a bouclé son CV. La lettre de prospection identifiait plusieurs domaines précis où ses habiletés, ses connaissances et sa personnalité seraient très avantageuses pour l'entreprise. Elle a ensuite emballé la lettre et le CV de style « bleu » dans un tube d'emballage approprié aux bleus, l'a intitulé « Bleus pour embaucher le succès » et l'a envoyé directement au PDG par messagerie.

« Le PDG a été tellement impressionné de sa démarche innovatrice qu'il a immédiatement avisé le service des ressources humaines de lui accorder une entrevue. Pendant l'entrevue, elle a utilisé une approche semblable et en a plutôt fait une présentation de vente. Cela va sans dire qu'elle a décroché l'emploi, et en plus, elle a négocié le salaire de départ le plus élevé accordé à un stagiaire dans ce domaine. « Le chapitre 6 traite plus à fond de la mise en valeur de vos habiletés personnelles et de vos habiletés en matière de négociations.

Nous vous présentons ci-après les 100 Questions marquantes en entrevue, tirées du best-seller de Denis, *How to Hire the Right Person*. Avant de vous présenter à une entrevue, lisez chacune de ces questions et réfléchissez à vos réponses. Certains employeurs vous poseront quelques-unes de ces questions, tandis que les employeurs qui mènent une entrevue plus approfondie les poseront peut-être toutes. Vous serez avantagé si vous avez une réponse à toutes ces questions. Les réponses ne doivent pas donner l'impression d'avoir été préparées, elles doivent plutôt véhiculer le message que vous êtes conscient de vos forces et de vos faiblesses et que vous avez réfléchi aux raisons qui ont motivé votre demande. L'examen de chacune de ces questions vous empêchera d'être pris au dépourvu et d'utiliser la réponse très insatisfaisante : « Désolé, je ne sais pas ».

Lorsque vous songez à vos réponses, mettez-vous à la place de l'employeur et imaginez la réponse qu'il voudrait entendre. Comme vous ne voulez pas mentir, vous devrez présenter les aspects plutôt négatifs de votre CV, le cas échéant, de façon plus favorable en répondant, par exemple : « Cela a été malheureux, mais s'est avéré une excellente leçon, une dont je me rappelle souvent ». Si vous avez eu des soucis par le passé, il faut aussi éviter de constamment mettre le blâme sur le dos des autres. Comme il en est pour la plupart des choses, les raisons d'ordre moral vous seront plus favorables. Selon vous, parmi les deux réponses suivantes, laquelle vous permettra d'avancer davantage : « Cela s'est produit parce que l'employé au service de l'expédition m'en voulait » ou, « Cela a été malheureux. C'était le résultat de deux approches différentes par rapport à l'exécution de la tâche ». Vous devez montrer que vous prenez à votre compte certaines erreurs. Comme nous l'avons mentionné, si vous prenez l'erreur à votre compte et que vous affirmez en avoir tiré une leçon, vous serez mieux perçu de votre employeur, conjoint ou ami.

Ce que les employeurs recherchent
Antécédents professionnels

Les domaines qui intéressent les employeurs pendant l'entrevue sont entre autres :
Les emplois antérieurs, les postes à temps partiel, temporaires et à temps plein et la carrière à ce jour.

Questions types que demandent les employeurs :

1. Veuillez décrire votre carrière chez _____.

2. Résumez vos antécédents de travail commençant avec votre emploi en tant que _____ jusqu'à votre emploi actuel.

3. Parlez-nous des réalisations qui ont été remarquées de vos employeurs.

4. Veuillez décrire vos tâches et responsabilités actuelles.

5. Veuillez décrire plus à fond vos tâches en tant que _____ chez _____.

6. À votre avis, quelles ont été vos plus grandes réalisations alors que vous travailliez comme _____.

7. Quels sont les raisons qui ont motivé votre décision de changer d'emploi à ce moment ?

8. Comment qualifiez-vous votre superviseur actuel ou antérieur ? À votre avis, quelles sont ses plus grandes forces et faiblesses ?

9. Quelles sont les réalisations pour lesquelles vos superviseurs vous ont félicité ? Qu'ont-ils critiqué ?

10. Selon vous, de quelle façon votre superviseur actuel ou antérieur vous décrirait-il ?

11. Quels aspects de votre emploi vous plaisent le plus ?

12. Quels aspects de votre emploi vous déplaisent ?

13. Quels aspects de votre emploi actuel vous contrarient le plus ?

14. Quels reculs et déceptions avez-vous vécus ?

15. Quelles difficultés avez-vous encourues dans le contexte de votre emploi en tant que _____ et comment les avez-vous réglées ?

16. Quelle impression avez-vous de votre (employeur antérieur) ?

17. Pourquoi avez-vous quitté _____ ?

18. Pourquoi avez-vous choisi une carrière dans le domaine _____ ?

19. Veuillez nous résumer votre formation. Quel perfectionnement professionnel avez-vous acquis ?

20. Quel aspect de la description de travail vous plaît le moins ?

21. Quelle vente, malgré toutes les bonnes intentions, a été perdue. Comment avez-vous renversé la situation ?

22. De quelle façon avez-vous traité avec un client mécontent ou contrarié ?

23. Comment avez-vous organisé vos activités quotidiennes ?

24. Racontez-nous les difficultés que vous devez affronter afin d'effectuer tous les aspects de votre travail dans les délais prévus.

25. Quelle a été la plus importante erreur de votre carrière ?

26. Comment votre patron profite-t-il de vous ?

27. Quelle a été la dernière décision de gestion qui vous a réellement mis en colère ?

28. Avec quel genre d'employé vous entendez-vous le mieux ?

29. Nommez certains comportements de gestionnaires qui, à votre avis, a démotivé les employés.

30. Quelle a été la plus grande critique que vous avez reçue en tant qu'employé ?

31. Que faites-vous lorsqu'une décision doit être prise, mais qu'aucune procédure existe ?

32. Racontez-nous une situation où une autre personne s'est mise en colère contre vous dans un milieu de travail.

33. Y a-t-il quelque chose que vous avez commencée mais que vous n'avez pas finie ?

Ce que les employeurs recherchent : la pertinence du travail ;
la suffisance du travail ;
des habiletés et
des compétences ;
l'adaptabilité ;
la productivité ;
la motivation ;
les relations interpersonnelles ;
le leadership ;
la croissance et
le développement.

Éducation

Les domaines qui intéresseront les employeurs pendant l'entrevue sont entre autres :

L'école primaire, l'école secondaire de premier cycle, l'école secondaire de deuxième cycle, le collège, l'université, la formation spécialisée et les cours récents.

Questions types que demandent les employeurs :

1. Nous avons remarqué que vous avez fréquenté (école/université). Pouvez-vous nous parler de cette expérience ?

2. Comment définissez-vous vos réalisations académiques ?

3. Pourquoi avez-vous choisi (sujet) comme domaine d'étude ?

4. Comment êtes-vous arrivé à la décision de devenir un (carrière/emploi) ?

5. Quels sujets vous intéressaient le plus ? Pourquoi ?

6. Quels sujets vous intéressaient le moins ? Pourquoi ?

7. Dans quels sujets excelliez-vous à l'école/université ? Pourquoi ?

8. Quels sujets vous étaient plus difficiles ? Pourquoi ?

9. Quelle formation ou scolarisation additionnelle avez-vous reçue après avoir quitté l'école/université ?

10. À votre avis, comment l'école/université a-t-elle contribué à votre perfectionnement global ?

11. Quels sont vos plans en matière d'enseignement complémentaire ?

Ce que les employeurs recherchent : la pertinence de l'enseignement ;
la suffisance de l'enseignement ;
les habiletés intellectuelles ;
la polyvalence ;
l'ampleur et le niveau de connaissances ;
le niveau de réussite ;
la motivation, les intérêts ;
la réaction à l'autorité ;
le leadership ;
le travail d'équipe.

Connaissance de l'emploi

Les domaines qui intéresseront les employeurs pendant l'entrevue sont entre autres :
Les connaissances et les attentes du candidat par rapport à l'emploi.

Questions types que demandent les employeurs :

1. Nous savons que vous n'avez pas (ou avez) une bonne connaissance de l'emploi (pour lequel vous avez fait une demande), mais comment le percevez-vous ?

2. Nous avons remarqué que vous travailliez comme _____. Pouvez-vous décrire certaines de vos expériences ?

3. Quelles difficultés avez-vous encourues alors que vous travailliez comme _____ ?

4. À votre avis, quelles qualités sont nécessaires pour réussir dans un tel emploi (pour lequel vous avez fait une demande) ?

5. À votre avis, quelles sont les difficultés que doit affronter un superviseur ?

6. Lorsque vous examinez vos habiletés en tant que _____ professionnel, quelle est votre plus grande préoccupation par rapport à votre habileté de _____ ?

7. Comment le présent emploi cadre-t-il parmi l'ensemble des objectifs de la société ?

8. Expliquez les responsabilités qui, selon vous, accompagnent cet emploi.

9. Si vous embauchiez une personne pour ce poste, quelles qualités rechercheriez-vous ?

10. Quelles sont vos attentes par rapport à cet emploi ?

11. À votre avis, quelle serait votre plus importante contribution à cette organisation ?

Ce que les employeurs recherchent : l'exactitude des connaissances et l'attente réaliste par rapport à l'emploi.

Facteurs personnels et activités extérieures

Les domaines qui intéresseront les employeurs pendant l'entrevue sont entre autres : les intérêts particuliers, les passe-temps, les activités communautaires, les finances, la santé et l'énergie ainsi que les préférences géographiques.

Questions types que demandent les employeurs :

1. En général comment vous qualifiez-vous ?

2. Décrivez le cheminement de carrière que vous désirez suivre.

3. Décrivez vos objectifs de carrière et ce que vous recherchez dans un emploi.

4. Quels aspects du travail vous tiennent à cœur ?

5. Quels aspects du présent travail vous intéressent particulièrement ?

6. Quels aspects vous semblent moins intéressants ?

7. Plus tôt, nous avons discuté de vos réalisations en tant que _____. À votre avis, à quoi votre réussite est-elle attribuable ?

8. Et si l'on inversait les rôles ? Parmi vos qualités et vos habiletés, lesquelles aimeriez-vous améliorer ?

9. Quelles qualités ou quels traits de caractère admirez-vous chez un superviseur ?

10. Quels déceptions, reculs ou échecs avez-eus à affronter dans votre vie ?

11. Quelles situations sont pour vous des sources de tension et de nervosité ?

12. Quelles sont vos attentes en matière de rémunération par rapport à cet emploi ?

13. Pouvez-vous décrire un obstacle qui vous a été difficile à surmonter ? Comment avez-vous réussi ?

14. Quelle a été votre plus grande réalisation ? Pourquoi ?

15. Que pensez-vous des voyages et des heures supplémentaires ?

16. Que pensez-vous du droit de grève accordé aux personnes qui œuvrent dans les services essentiels ?

17. Parlez-nous de vos loisirs, vos heures de détente et de vos intérêts.

18. Vous semblez participer à bon nombre d'activités extérieures. Pouvez-vous nous en dire un mot ?

19. Nous avons remarqué que vous participez à _____. Pouvez-vous nous en dire un mot ?

20. En plus de _____, que faites-vous pendant vos heures de détente ?

21. Que voulez-vous éviter pendant vos heures libres ?

22. Quel genre de vacances aimez-vous ?

23. Si vous disposiez de plus de temps, quelles activités vous intéresseraient ? Pourquoi ?

24. Quelle est l'importance de la créativité dans votre travail ?

25. À votre avis, que comporte une bonne journée de travail ?

26. Quelles sont vos caractéristiques particulières en tant que personne qui peuvent nous intéresser ?

27. Dans une situation tendue, où puisez-vous votre énergie ?

28. Vous arrive-t-il souvent de dépasser les exigences ?

29. Donnez-nous un exemple de votre initiative lors d'une situation difficile.

30. Dans quelles situations vos clients ou vos collègues vous poussent-ils à bout ?

31. À votre avis, quelles sont vos limites personnelles ?

32. Comment vous classez-vous parmi vos pairs ?

33. Comment réussissez-vous à inverser la situation lorsque vous avez créé une mauvaise impression initialement ?

34. Quelles situations d'affaires ou sociales vous mettent mal à l'aise ?

35. Quelles récompenses sont pour vous les plus satisfaisantes ?

36. Au fil des années, qu'avez-vous perçu comme particulièrement motivant ?

37. Quelles décisions sont les plus difficiles ?

38. Comment réglez-vous vos désaccords avec les autres ?

39. À votre avis, quelle est l'importance de la communication et de l'interaction avec le personnel ?

40. Quelle serait votre description de l'emploi idéal ?

41. Quelle est votre définition d'une carrière réussie ?

42. Que pouvez-vous faire pour nous qu'une autre personne ne peut faire ?

43. Quels sont vos besoins les plus pressants en matière de perfectionnement ?

44. Quelles activités regrettez-vous ?

45. Que vous ont appris les déceptions de la vie ?

Ce que les employeurs recherchent :   la vitalité ;
la gestion du temps, de
l'énergie et de l'argent ;
la maturité et le jugement ;
la croissance intellectuelle ;
une grande culture ;
des intérêts diversifiés ;
des intérêts d'ordre social ;
des aptitudes sociales ;
du leadership ;
des valeurs et des objectifs
fondamentaux ;
des facteurs conjoncturels.

L'INVESTISSEMENT

L'investissement représente la deuxième forme d'avantage stratégique visant à réaliser un profit financier. C'est-à-dire, le moyen de laisser votre argent faire plus d'argent.

Ainsi, vous travaillez durement et sacrifiez la bouteille de vin de surplus dans votre restaurant préféré afin de bâtir un fonds d'investissement. Il est bien important de ne pas faire l'erreur d'enrichir une autre personne en même temps. Vous devez éviter les arnaques visant à faire fortune rapidement qui, en règle générale, enrichissent seulement le vendeur. Rappelez-vous l'expression : Si l'occasion semble trop rêvée pour être vraie, c'est probablement le cas.

La présente section vous apprendra qu'il n'est pas nécessaire d'avoir un diplôme en affaires, ou de prendre des risques inutiles, pour profiter du marché boursier. Cependant, si cela vous intéresse, suivez des cours et immergez-vous dans le monde des investissements. Dans ce livre, nous tentons de vous familiariser avec les stratégies les plus simples, vous incitant ainsi à participer au jeu et à laisser votre argent travailler pour vous. Tout au long de ce processus, vous apprendrez à connaître certaines méthodes éprouvées des millionnaires fils de leurs œuvres.

Le temps est de votre côté

Le temps est primordial en matière d'investissements. C'est l'un des éléments les plus critiques par rapport à la création de votre fortune. L'action précède les succès de l'enrichissement et la procrastination précède l'échec financier. Les brasseurs d'affaires avertis comprennent le principe fondamental selon lequel ils ne peuvent se permettre le prix coûteux de l'attente.

Exemple : Le coût de la procrastination

100 $ par mois à 12 %
Commencez à économiser à :

Âge	Total à 65 ans	Coût de la procrastination
25	979 307 $	zéro $
26	873 241 $	106 066 $ (979 307 - 873 241)
30	551 083 $	428 224 $ (979 307 - 551 083)

Les valeurs ci-dessus sont présentées uniquement à titre d'exemple et peuvent être imposables.

Voici une autre façon de percevoir la nature critique du temps. Imaginez que vous avez présentement 25 ans et que vous vous êtes fixé un objectif de retraite de 100 000 $. Si dès aujourd'hui vous investissez 10,22 $ par mois (ce qui est aussi peu que 0,33 $ par jour) à 12 %, vous aurez accumulé 100 000 $ à 65 ans. Si, comme bien des gens, vous laissez le temps passer et qu'à 55 ans vous décidez de fixer le même objectif de retraite de 100 000 $, vous devrez épargner 446 36 $ par mois. Cela représente un montant 43 fois plus élevé que le montant que vous deviez épargner si vous aviez commencé à 25 ans. En fait, peu importe votre âge, prenez la décision de mettre le temps de votre côté en investissant immédiatement.

> La gloire est à ceux qui osent commencer. [Traduction]
>
> - Anonyme

La règle de « 72 »

Le taux de rendement de l'investissement représente le deuxième élément critique. Plus le taux d'intérêt est élevé, meilleur sera le rendement ; cela est élémentaire. Cependant, pour apprécier pleinement l'impact des taux d'intérêt sur votre enrichissement futur, examinons la règle de « 72 ».

La règle de « 72 « affirme que votre argent doublera à un certain point, qui sera déterminé en divisant le chiffre 72 par le taux d'intérêt.

Le tableau ci-après illustre ce phénomène que l'on qualifie d'intérêt composé.

La règle de « 72 » en action - votre argent doublera en...

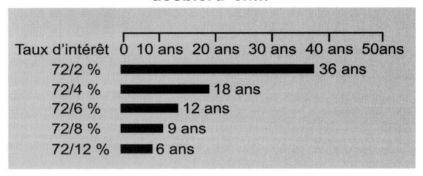

Taux d'intérêt	0	10 ans	20 ans	30 ans	40 ans	50ans
72/2 %						36 ans
72/4 %		18 ans				
72/6 %		12 ans				
72/8 %	9 ans					
72/12 %	6 ans					

Déjouez le fisc... Utilisez votre régime d'épargne retraite pour vous rémunérer

La plupart des pays ont mis sur pied des outils financiers qui vous permettent d'épargner pour votre retraite. Ces outils sont connus comme des comptes individuels de retraite (CIR) ou des régimes d'épargne retraite, deux plans équivalents. S'ils vous encouragent à épargner pour votre retraite, les gouvernements subiront moins de pression à l'avenir. C'est pourquoi ils vous permettent de faire de l'argent à même un plan sans avoir à payer d'impôts sur les gains... pour quelques temps.

Lorsque vous ouvrez un compte et effectuez une contribution, selon les lois d'intérêt local, ce montant peut être exempt d'impôts. À même votre plan, les choix traditionnels d'investissement vous sont offerts, notamment les actions, le fonds communs de placement, les certificats de dépôt, etc. Cependant, contrairement aux investissements autres que ceux-ci, les profits, dividendes ou gains ne sont pas imposables. Au fil des années - plus la durée est longue, meilleur sera le rendement - vous profitez de l'intérêt composé sans avoir à payer une partie à l'impôt. Au moment de votre retraite, vous aurez accumulé un important coussin duquel vous pourrez retirer. Lorsque vous commencerez à retirer l'argent du plan, cela sera traité comme un revenu et vous devrez payer l'impôt.

Plusieurs sociétés offrent des plans qui permettent de déduire votre
contribution directement de votre salaire. Les personnes qui n'ont pas
accès à un plan offert par la société peuvent mettre sur pied leur propre
plan. Certaines sociétés offriront même de fournir le même montant
que celui fourni par l'employé. Bien que la société pour laquelle vous
travaillez offre un plan, ne soyez pas trop confiants. Le fait de garder
tous vos œufs dans le même panier peut être désastreux si cette société
fait faillite, ce qui est parfois aussi le cas des grandes sociétés ; Enron,
veuillez prendre place.

Les rentes qu'offrent les compagnies d'assurance peuvent être
traitées de la même façon. Elles comportent des frais beaucoup plus
élevés mais ne comportent pas les limites de contribution des CIR. Si
vous optez pour ce genre de placement, gardez-le à l'extérieur de votre
plan.

Le tableau ci-après illustre les avantages massifs à long terme d'un
CIR.

Comparaison d'un CIR par opposition à un investissement sans privilège fiscal

Chaque personne dépose 6 000 $ par année, à un taux
d'intérêt de 12 %, les deux personnes faisant partie d'une
tranche d'imposition de 40 %.

	Personne A sans privilège fiscal	Personne B CIR
Valeur à 10 ans	53 826 $	117 927 $
Valeur à 20 ans	161 708 $	484 192 $
Valeur à 30 ans	377 927 $	1 621 755 $
Valeur à 40 ans	811 280 $	5 154 854 $

Ces valeurs sont imposables au moment du remboursement.

Explication du tableau ci-dessus

Le cas de la personne A illustre l'accumulation limitée d'un compte
d'investissement sans privilège fiscal. Une personne dont la tranche
d'imposition est de 40 % payera 1 500 $ aux fins d'impôts, ce qui laisse
4 500 $ à déposer. De plus, un rendement de 12 % à l'intérieur d'une
tranche d'imposition de 40 % donnerait un rendement de 7,2 % après
impôts. Après 40 ans d'investissement, le total serait seulement de 811

280 $. Non que ce montant soit sans importance, en fait, il est bien important, et certainement plus élevé que le montant dont dispose la moyenne des gens au moment de la retraite. Si vous examinez la personne B, vous remarquerez qu'en investissant dans un plan d'épargne retraite, elle aura accumulé cinq millions de dollars. Cela s'explique par le fait que les plans sont souvent financés par des dollars avant impôt, évitant ainsi l'érosion de l'enrichissement en raison de la fiscalité. Un plan de retraite est un élément important de l'enrichissement dont nous pouvons tous profiter. Comme les plafonds de contribution et les options offertes varient énormément en fonction des lois d'intérêt local, nous vous suggérons de rechercher ce domaine le plus rapidement possible. Si vous voulez rapidement et efficacement mettre sur pied un plan et acheter des fonds communs de placement « sans frais d'acquisition », nous vous conseillons de consulter un courtier en valeurs mobilières fiable.

Les 10 erreurs les plus communes en matière d'investissement

1. Mettre tous vos œufs dans le même panier

Le choix d'un investissement peut être un « coup de dé ». Peu de personnes avaient anticipé la chute des actions du domaine de la technologie de pointe en 2000-2001 ou la faillite du géant du commerce de produits énergétiques, la société Enron Corporation. Un portefeuille diversifié risque de mieux braver les intempéries économiques.

2. Le rendement antérieur n'est pas une garantie du rendement futur

La réussite d'une première approche ne garantit pas un deuxième succès. Méfiez-vous des fonds qui annoncent des rendements antérieurs élevés sur une courte période. Les chances qu'un tel miracle se reproduise sont pratiquement nulles. Toutefois, si vous remarquez un fonds qui, sur une période de 10 ans ou plus, a constamment dépassé la moyenne du marché, ce fonds a des antécédents éprouvés et mérite votre attention. Si vous achetez un certain fonds, surveillez-le. Souvent, le cerveau directeur du fonds est embauché par une autre société, laissant votre fonds dans les mains d'une personne possiblement moins compétente ou moins créatrice.

3. Une file d'idiots

Lorsque le marché est à la hausse, les gens sont tellement emballés qu'ils favorisent une action surévaluée et justifient l'achat en disant : « Le prix d'achat importe peu, je peux toujours le brader à un autre acheteur ». Puis, le vent tourne, les mauvaises nouvelles envahissent les médias, les sociétés sont incapables de vendre les inventaires bondés et les mises à pied surviennent. Malgré « l'écriture sur la muraille », le dernier investisseur ignore les signaux d'avertissement dans l'espoir que l'action en question remontera sous peu. Un vent de panique souffle sur le marché boursier et le prix des actions chute. Nous qualifions ce phénomène de « file d'idiots ». Malheureusement, le dernier idiot de la file accuse la plus grande part des pertes occasionnées par l'optimisme antérieur.

4. Les avis « chauds » vous brûleront

Méfiez-vous des personnes qui ont de l' « information privilégiée ». Internet vous offre un trésor d'information, mais attention aux stratagèmes, aux arnaques et aux abus frauduleux qui s'y retrouvent. Nous vous conseillons de demander à la personne qui vous donne avis combien elle a investit. Évitez les bulletins qui vous offrent des avis fondés sur des prévisions. Consultez plutôt les écrivains financiers (les journaux, les revues et les bulletins d'investissement) qui offrent la recherche et les renseignements. Évitez les sollicitations par téléphone ou les autres moyens de vente directe car ils sont généralement sujets à caution et accompagnés de frais élevés. *En outre, nous vous réitérons l'expression : Si l'occasion semble trop rêvée pour être vraie, c'est probablement le cas* !

5. Ne laissez jamais vos émotions prendre le dessus

Soyez honnête avec vous-même. Si vous avez tendance à vous emporter chaque fois que la valeur de votre investissement fluctue, acceptez la réalité et sortez du jeu. Votre santé en sera protégée. L'investissement dans le marché boursier est un exercice de logique, cela exige une tête froide, raisonnée, et non une personne qui s'attachera à une action en particulier. Les personnes rationnelles n'auront pas la larme à l'œil lorsqu'elles changeront de compte de banque pour un demi-pour cent de plus. C'est pourquoi vous ne devez pas laisser vos émotions prendre le dessus sur le processus de prise de décisions relatives à votre enrichissement.

6. Vous devez savoir quand retenir et quand laisser aller

Dans le jeu de cartes, appelé poker, le joueur intelligent sait quand se défaire des cartes perdantes. Dans la même veine, l'investisseur intelligent sait quand vendre des actions perdantes et établit une formule pour y arriver. Cet enjeu sera traité à la section qui suit.

7. Fièvre passagère

Ce phénomène se produit lorsque le marché affiche un repli temporaire qui effraie les investisseurs. Il importe de savoir que, à travers l'histoire, le marché a toujours remonté avec force après quelques temps.

8. Un gain ou une perte sur papier n'est pas synonyme de réalité

Peu importe la valeur actuelle de vos actions, aucun profit ou perte n'a été réalisé avant la vente. Il se peut que vous soyez perturbé lorsque votre portefeuille chute de 10 % en raison des conditions de marché extraordinaires, mais vous n'avez rien perdu à moins que vous preniez panique et que vous vendiez. De même, si la valeur de vos actions a augmenté de 200 %, ne dépensez pas l'argent immédiatement. Vous ne réaliserez le profit qu'au moment de la vente. Il est peut être temps de vendre ces actions et de réinvestir dans d'autres sociétés avant que votre choix initial ne redescende à un niveau plus réaliste. À quel moment effectuer une telle transaction ? Voilà la question à laquelle personne ne peut répondre. Recherchez les meilleurs conseils possible afin d'avoir tout en votre faveur.

9. L'argent n'est pas toujours roi

Les études démontrent que les gens ont tendance à thésauriser trop longtemps lorsque le marché est à la baisse. Les réserves de caisse sont très sécurisantes et rassurantes mais ne profitent aucunement. En fait, les taux d'intérêts sur les encaisses sont généralement incapables d'être au pair avec l'inflation.

10. Risques élevés, rendement élevé

NCela n'est pas toujours le cas. Si vous choisissez le conseiller approprié pour sélectionner votre portefeuille, vous devriez accroître le rendement et réduire les risques.

Les 10 règles pour réussir en matière d'investissement selon Denis et Alan

Si vous voulez tenter votre chance sur le marché boursier, vous devez comprendre qu'un portefeuille peut exiger beaucoup de temps et de recherche. Cela est merveilleux si vous aimez le marché, mais moins intéressant autrement. Nous devons aussi préciser que c'est un domaine à risque. À travers l'histoire, le potentiel de profit est élevé au fil du temps mais toute société peut subir des pertes importantes et vous entraîner dans la chute. Soyez prudent, effectuez la recherche, diversifiez vos placements et ayez un bon conseiller.

Si vous voulez l'or, vous devez comprendre les 10 règles pour réussir en matière d'investissement selon Denis et Alan :

1. Examinez les finances. Étudiez l'état du revenu et le bilan.

2. Déterminez la demande. Évaluez la demande par rapport aux produits et services de la société.

3. Évaluez l'équipe de gestionnaires supérieurs.

4. Validez le messager. Avant d'accepter le message (un avis « chaud » ou de l' « information privilégiée ») examinez et validez la source. Qui profitera directement de votre investissement ? Votre intérêt leur tient-il à cœur ? Ces personnes sont-elle averties et fiables ? Sont-elles plus riches que vous ?

5. Évaluez les inconvénients. Quels sont les risques internes et externes éventuels qui pourraient avoir un effet négatif sur le rendement de la société ?

6. Évaluez votre montant d' « égout ». Évaluez combien vous êtes prêt à perdre dans l'égout sans manquer de sommeil. N'investissez jamais plus que ce montant dans des investissements à risque élevé.

7. Arrêtez les dégâts. Établissez un taux prédéterminé de ralentissement et de vente ; le taux de 10 % est le plus commun.

8. Le choix du moment est essentiel. Réalisez des profits lors de l'achat au bon prix, réalisez des profits lors de la vente au bon prix. Sachez quand acheter et vendre des actions.

9. Investissez dans votre milieu. Investissez dans des sociétés et des industries connues qui vous intéressent.

10. Maintenez un certain niveau d'encaisse.

Lignes directrices simples pour choisir le meilleur conseiller financier, le cas échéant

Rémunérez bien votre courtier s'il donne un bon rendement. Il est toutefois intéressant de noter que les adeptes du minimalisme payeront gaiement 15 % pour un piètre service au restaurant mais se plaindront du 4 % qu'ils doivent remettre à un courtier. Ils surestiment les personnes qui nourrissent leurs passifs et sous-estiment les personnes qui nourrissent leurs actifs.

Le meilleur moyen d'évaluer un conseiller éventuel est d'examiner ses antécédents. N'accordez pas trop d'importance aux distinctions car elles ont peut-être été accordées en raison du nombre de clients, ce qui n'est pas une mesure de leur succès. Obtenez des références. Les spécialistes de la vente peuvent vous dérouter avec des chiffres et des pourcentages. Quels sont les commentaires d'un autre investisseur par rapport à ce conseiller ? Lui a-t-il permis de faire de l'argent ? Traite-t-il ses clients avec respect ? Accepte-t-il ses appels ou retourne-t-il ses appels rapidement ?

Attention aux endroits qui affichent des frais élevés, un faible rendement et tout conflit d'intérêt. Méfiez-vous du courtier qui effectue des transactions inutiles afin d'augmenter sa commission.

Comparez les résultats de votre portefeuille avec ceux de votre famille et de vos amis. La suivante est une source de renseignements peu coûteuse qui vous offre la possibilité de comparer mensuellement 450 bulletins de portefeuilles. Pendant 20 ans, Mark Hulbert de Hulbert financial Digest (www.hulbertgigest.com) a permis à ses abonnés de constater le rendement réel de divers conseillers.

La déclaration des droits d'un investisseur

En tant qu'investisseur, vous jouez avec votre argent. Par conséquent choisissez :

- un conseiller qui tient compte de vos intérêts en premier ;

- un conseiller qui est conscient de vos besoins particuliers, de vos objectifs d'enrichissement et de votre tolérance du risque ;

- un conseiller qui ne tentera pas de vous vendre quelque chose en raison de la commission élevée qui y est rattachée ;

- un conseiller qui révisera régulièrement votre portefeuille afin de s'assurer qu'il répond à vos besoins à long terme en matière de rendement ;

- un courtier qui a la scolarité, le bagage de connaissances et les antécédents nécessaires pour vous conseiller de façon appropriée ;

- un conseiller qui répond rapidement et respectueusement à vos questions malgré le fait que certaines soient naïves ;

- un courtier qui vous fournira régulièrement un rapport d'activité clair et compréhensible de vos investissements ;

- un conseiller qui vous aidera à poursuivre votre propre apprentissage financier .

Si votre conseiller financier ne répond pas à cette déclaration des droits, vous devez en chercher un nouveau.

Aucun des outils d'investissement qui suivent ne vous permet d'exercer un contrôle ou une influence sur votre succès. Vous pouvez uniquement décider ou non de les utiliser à des fins d'investissement et choisir le moment d'achat et de vente. Voici une amorce fondamentale des endroits où placer votre argent. La liste va du plus sûr au plus risqué.

Comptes d'épargne et comptes chèques

Plutôt que de garder votre argent dans une boîte à biscuits, il vaut mieux utiliser un compte d'épargne, c'est plus sûr. Le gouvernement des États-Unis, par le biais de la Federal Deposit Insurance Corporation, garantit un dépôt allant jusqu'à 100 000 $. Mais prenez garde, veillez à ce que votre banque soit protégée par la F.D.I.C. et si vous vivez à l'extérieur des États-Unis, vérifiez auprès de votre institution financière pour connaître le système de garantie des dépôts. Le compte d'épargne paye un montant minime d'intérêts, l'avantage étant que votre argent est très disponible. Un compte chèque vous permet de facilement payer d'autres personnes au moyen de chèques, sans oublier qu'il est plus sécuritaire de se promener sans argent dans vos poches. La règle empirique selon Denis et Alan : les soldes des comptes d'épargne ne devraient pas excéder un mois de frais de subsistance. L'argent en surplus devrait être investit dans des placements à plus haut rendement.

Certificats de dépôt (CD)

Le CD est un outil entièrement garantit qui donne un rendement supérieur à celui d'un compte d'épargne ou de chèques. Le placement est immobilisé pour la durée du terme qui peut aller de 30 jours à cinq ans. La règle empirique de Denis et Alan : avoir deux CD de 30 jours, chacun d'une valeur représentant les frais de subsistance d'un mois. L'échéance du premier devrait être le 14e jour du mois et le deuxième le 28e jour du mois. De cette manière, votre compte d'épargne et vos CD vous offrent un fonds d'urgence de trois mois et vous avez tout au plus deux semaines à attendre pour encaisser un CD.

Bon du Trésor

Les bons du Trésor sont des reconnaissances de dette du gouvernement émis pour une période de un an ou moins. Vous ne recevez pas d'intérêt ; ils sont plutôt achetés à rabais. Par exemple, vous achetez un bon du Trésor de un an de 10 000 $ pour 9 400 $. Le montant minimum est de 10 000 $ avec des augmentations d'échelon de 1 000 $ par la suite.

Obligations d'État

Vous prêtez de l'argent au gouvernement, qui vous sera remis selon une durée et un taux de rendement prédéterminés. Certains gouvernements offrent une incitative fiscale liée à l'achat des obligations.

MFonds communs de placement du marché monétaire

Ce genre d'investissement, plus rentable, n'est pas garantit mais tout de même très sécuritaire en raison de sa nature conservatrice et de la stabilité du capital. Les fonds communs permettent à une foule de personnes de mettre leur argent d'investissement en commun et sont gérés par des spécialistes de portefeuilles.

Actions

Dans le cas des actions, vous achetez des actions du capital social d'une société. Vous partagez tant les profits que les pertes. Vous pouvez obtenir de l'argent en vendant à profit, et certaines actions offrent aussi un revenu sous forme de dividendes.

Fonds communs de placement

Cet outil vous permet de mettre en commun votre argent avec plusieurs autres et d'investir dans toute une gamme de titres. Ces titres sont gérés par des experts qui surveillent minutieusement le rendement des investissements de leur portefeuille particulier, vous permettant de dormir la nuit alors qu'ils surveillent les caprices de la bourse de Tokyo à 3 h du matin. En théorie, ces « experts » sauront mieux que bien d'autres, choisir les titres les plus performants. Cependant, il leur arrive de faire erreur. À la suite d'une année très prospère, les gestionnaires sont souvent incités à choisir d'autres fonds. Entre-temps, le fonds original annonce le succès de l'année précédente, ce qui attire d'autres investisseurs. En réalité, il est possible que le gestionnaire initial ait quitté et ait laissé le fonds dans les mains d'une personne qui se prépare à poursuivre une stratégie moins réussie, entraînant un rendement à un seul chiffre ou moindre. Certains investisseurs avertis portent moins attention à la composition du portefeuille et surveillent plutôt les gestionnaires qui réussissent d'un fonds à l'autre.

La plupart des sociétés de fonds mutuels annoncent des fonds *sans frais d'acquisition,* ce qui veut dire que vous ne payez aucuns frais visibles à l'achat. Les *frais de rachat* représentent le montant que vous devez payer si vous vendez le fonds plus rapidement que la période prévue, habituellement trois à sept ans. Cela ne veut pas dire que ce sont les seuls frais à payer. N'oubliez pas, rien n'est gratuit. Toutes les sociétés exigent un pourcentage des dépenses de gestion ou PDG. Ce sont les frais de gestion et les dépenses liées à la vente de ces fonds. Ces frais représentent habituellement deux à trois pour cent du rendement. Ainsi, si votre fonds a affiché un rendement de 6 % cette année, le rendement était probablement plus près de 9 % avant les frais de gestion. Bien que le fond ait donné un rendement de 1 %, la société a tout de même pris ses honoraires. La personne qui vous a vendu le fonds a aussi été payée à même ces frais. Certains fonds comportent des honoraires très faibles, allant de 1 % à 1,5 %, et sont en mesure de le faire parce qu'ils évitent les campagnes publicitaires coûteuses. Ces fonds sont, par définition, plus difficiles à trouver et exigeront possiblement des portefeuilles de 25 000 $ et plus. Les fonds indiciels représentent un autre moyen d'éviter l'enrichissement des sociétés de fonds mutuels et leur personnel.

Fonds communs de placement de caractère sectoriel

Ces fonds communs de placement traitent des industries particulières (telles que l'électronique, la technologie, la bio-technologie, les ordinateurs, les télécommunications, les services publics, les multimédias, les métaux et les minéraux précieux, les soins de santé, l'assurance, l'alimentation, l'agriculture, le transport aérien, l'automobile, la défense et l'aérospatial, l'énergie, les services financiers, la biologie médicale, etc.). Il est dangereux de placer tous vos œufs dans le même secteur en raison de la volatilité.

Obligation de société

Cet outil vous permet de prêter de l'argent à une société spécifique pour une durée et à un taux de rendement prédéterminés. Si la société fait faillite avant la date du remboursement, vous perdez.

Fonds indiciels

Comment faire pour surpasser les experts financiers ? Au début de chaque année, votre journal financier local demande à un groupe d'experts financier d'afficher leurs recommandations pour les 12 prochains mois. Au même moment, ils demandent à quelqu'un de lancer des fléchettes sur une cible qui se compose d'actions ou demandent à un enfant de trois ans de choisir un portefeuille. Invariablement, le lanceur de fléchettes et l'enfant de trois ans font un aussi bon choix, sinon meilleur, que le groupe d'experts. Cela nous confirme la volatilité du marché et l'aspect de supposition que comprend le jugement des experts. Ce qui nous amène à la question : « Si un enfant de trois ans, en moyenne, peut égaler sinon dépasser les experts, pourquoi alors payer ces derniers pour leurs conseils ? Les chances sont, les lois sur la main-d'œuvre enfantine à part, que la rémunération d'un enfant de trois sera moindre et que le lanceur de fléchettes exigera seulement une bière ou deux. Moins dispendieux encore et tout aussi fiable, sont les fonds indiciels.

Jusqu'à la chute des actions du domaine de la technologie en 2000-2001, quiconque investissait dans un fonds indiciel comme S&P 500, surpassait de 80 % le rendement de tous les gestionnaires de fonds. De plus, il ne payait que 0,25 ou 0,50 % en frais de gestion. Alors, qu'est-ce qu'un fonds indiciel ? C'est en principe un étalon. Le S&P 500, par exemple, est un groupe d'actions de grandes sociétés, qui représente environ 80 % de tout le commerce d'actions en Amérique. L'indice mesure leur rendement collectif. L'indice du Dow Jones mesure les actions d'un groupe plus restreint de 30 sociétés importantes et actives. Il est possible qu'une action individuelle ait affiché une hausse de 20 % alors que le Dow affiche une baisse de 10 %, car il exprime une moyenne.

Le fonds indiciel vous permet de prendre un montant d'argent et d'acheter des actions proportionnelles à chacun des paniers de sociétés. Un ordinateur compose l'équipe de gestion d'un fonds indiciel, ce qui est moins dispendieux que de rémunérer un groupe de diplômés de l'Université Harvard. Les faibles frais du fonds indiciel en sont l'avantage en plus du rendement qui, en moyenne, surpasse les experts hautement rémunérés. Le fait que personne ne surveille pour vous le marché en cas de chute d'actions ou de correction en est l'inconvénient. Les fonds indiciels ne sont pas très performants dans un marché à la baisse comme nous en avons été témoins depuis quelques années. Un fonds commun de placement bien géré sera plus coûteux mais rééquilibra PEUT-ÊTRE votre portefeuille en anticipation d'une chute d'actions ou d'une correction afin de protéger votre argent ou réagira PEUT-ÊTRE plus rapidement dès le début des difficultés. Bon nombre de gestionnaires de fonds ne prennent aucune de ces mesures. Si vous pensez investir à long terme, l'investissement d'une partie - mais non tout - de votre portefeuille dans un fonds indiciel est une rentabilité certaine à bas prix.

Objets de collection, métaux précieux, marchandises et actions cotées en cents

Tant qu'il y aura des groupes de personnes à intérêts partagés, il y aura un marché pour les objets de collection. Cela vous permet d'investir dans un domaine qui vous passionne, mais attention, pour faire de l'argent, vous devez connaître le domaine à fonds et les objets de collection doivent avoir une valeur prolongée. Tout comme les objets de collection, les métaux précieux, les marchandises et les actions cotées en cents comportent une sphère très volatile dans laquelle des éléments imprévus peuvent influer énormément sur l'investissement

La loi empirique selon Denis et Alan : Ne vous aventurez pas dans un tel champ de mines à moins de connaître le domaine à fonds et d'être prêt à perdre beaucoup d'argent en peu de temps.

APERÇU DES INVESTISSEMENTS DONNANT LIEU À UN ENRICHISSEMENT ÉVENTUEL

Investissements donnant lieu à l'enrichissement éventuel le plus élevé :
Objets de collection, métaux précieux, marchandises, actions cotées en cents

Pour	Contre
Possibilité de profit très élevé	Possibilité massive de perte. Connaissances complexes requises. Niveau d'imposition élevé.

Investissements donnant lieu à un enrichissement éventuel élevé :
Actions, fonds communs de placement de caractère sectoriel, obligations de société

Pour	Contre
Possibilité de profit élevé	Degré de risque élevé.
Possibilités de réduction d'impôts	Niveau d'imposition personnelle élevé.
Conseillers spécialisés disponibles	Connaissances approfondies nécessaires.

Investissements donnant lieu à un enrichissement modéré :Obligations de l'État, fonds communs de placement du marché monétaire

Pour	Contre
Sûrs et sécuritaires	Taux de rendement moyens
Conseillers spécialisés disponibles	Non-disponibilité du capital à long terme
Les fonds communs de placement enregistrés réduisent les impôts	Les fonds communs de placement non enregistrés sont imposés selon le taux d'imposition personnel

Investissements donnant lieu à un faible enrichissement :
CD, bons du Trésor, comptes chèques et comptes d'épargne

Pour	Contre
Très sûrs et sécuritaires	Taux de rendement faible
Faciles à comprendre	Le principal est souvent « immobilisé ».
Peuvent être achetés directement de la banque.	Les investissements de ce genre non enregistrés sont imposés selon le taux d'imposition personnel.
Les CD enregistrés entraînent de faibles impôts.	

Dans le présent chapitre, nous vous avons présenté certaines stratégies qui vous permettront de vous enrichir tout en utilisant vos actifs plus efficacement. Pour y arriver plus rapidement, vous devez tirer avantage du temps et des énergies que vous dépensez au travail de façon à ce qu'ils soient plus rentables en augmentant l'ensemble de vos compétences. Ainsi, vous serez plus en sécurité et plus en mesure de recevoir des augmentations. Les personnes qui recherchent la fortune plus ardemment devront trouver un meilleur emploi soit avec leur employeur actuel ou auprès d'une nouvelle entreprise. Une ou l'autre de ces mesures vous apportera plus d'argent, et jumelée à ce que vous avez appris dans les chapitres antérieurs, vous permettra de mieux gérer l'argent de surplus. En outre, vous vous dirigerez vers un avenir financier plus sain. L'investissement représente le deuxième avantage stratégique dont vous devez tirer profit, et le présent chapitre vous a présenté des moyens de faire fructifier vos augmentations ou vos économies. Selon le modèle du présent livre, les stratégies vont de conservatrices à risque élevé. Choisissez le niveau de risque qui vous convient le mieux et rappelez-vous que plus vous adoptez ces stratégies, plus votre enrichissement sera rapide. Les nouvelles sources de revenu représentent le troisième avantage stratégique dont vous pouvez profiter, notamment une SRM, un sujet qui sera traité plus à fond au chapitre 7.

En résumé, voici quelques questions utiles à revoir.

1. Comment le fait de profiter des avantages peut-il créer la fortune ?

2. Quelle est la différence entre les dépenses et l'investissement ? Pourquoi cette différence est-elle si importante à mon avenir financier ?

3. Quelles sont les trois types d'a vantages financiers ?

4. Laquelle parmi les trois méthodes offre-t-elle le plus grand potentiel d'enrichissement réel ?

5. Est-ce que je jouis du meilleur rendement possible par rapport à l'investissement de mes biens personnels ?

6. Quels changements puis-je apporter pour tirer pleinement avantage de mon emploi ?

7. Quelles conclusions ai-je tirées après avoir rempli l'arbre de décisions financières ?

8. Comment puis-je utiliser l'information obtenue de l'indicateur d'avantages stratégiques liés à l'emploi pour maximiser le rendement de mon emploi ?

9. Si je choisis de changer d'emploi, quelles sources de recherche d'emploi me seront les plus utiles ?

10. Quelles stratégies d'investissement dois-je adopter pour faire fructifier mon argent davantage ?

11. Quel est le niveau de complexité et de risque avec lequel je suis à l'aise en matière d'investissement ?

12. Comment m'assurer de ne pas être pris au piège de l'une ou plusieurs parmi les 10 erreurs les plus communes en matière d'investissement ?

13. Ai-je besoin d'un conseiller financier ? Si tel est le cas, comment faire pour trouver le bon ?

Le prochain chapitre énumère certains comportements fondamentaux que chacun doit adopter pour atteindre le niveau de génération d'argent le plus efficace. À la suite de nombreuses années d'étude et de l'animation de milliers de conférences, nous avons épuré l'essence de ce que vous devez absolument savoir. Vous serez sans doute enrichi si vous suivez la conférence ou lisez d'autres livres, mais dans les pages qui suivent, vous apprendrez les notions fondamentales. Vous apprendrez à vous mettre en valeur et à mettre en valeur des produits de façon plus efficace, à négocier de meilleures ententes, à réseauter et à mieux organiser votre temps.

Le comportement qui donne lieu a la sagesse en matiere de fortune : travailler moins et gagner plus

Le présent chapitre est axé sur les comportements qui donneront lieu à la sagesse en matière de fortune. Peu importe que vous ayez l'intention de maintenir votre emploi actuel, de devenir un investisseur ou de démarrer votre propre entreprise, certains comportements vous aideront à atteindre vos objectifs plus facilement. Si vous investissez du temps à apprendre les comportements présentés dans ce chapitre, votre vie en sera facilitée. Si vous choisissez de vigoureusement bâtir votre fortune, vous devrez adapter ces comportements à votre mode de vie. Si vous maîtrisez réellement des aptitudes, vous serez sur la voie rapide qui mène à la fortune.

La mise au point des aptitudes de vente à l'intention des brasseurs d'affaires

Le temps à votre service

Pour gérer le temps, vous devez d'abord reconnaître que vous êtes les premiers et les seuls responsables de vos soucis par rapport au temps. Une gestion plus efficace du temps vous permettra d'accroître vos réalisations en fonction d'un certain délai. Nos journées de 24 heures comportent trois types d'activités, notamment :

Les pertes de temps

Voici des exemples des pertes de temps. En effet, ce sont des comportements que vous pouvez contrôler et qui détournent votre attention de vos objectifs d'enrichissement. Le manque d'organisation, l'oubli, la recherche d'objets perdus et le déplacement de papier, le temps d'inactivité, les auto-interruptions, le manque d'écoute, la procrastination, le perfectionnisme, l'indécision et l'inquiétude, voilà les activités qui, en bout de ligne, vous feront perdre de l'argent. Ce sont des activités à éviter autant que possible. Le tableau qui suit la présente section vous aidera à reconnaître et à éliminer plusieurs de ces activités.

Les obligations en matière de temps

Les obligations en matière de temps sont les activités nécessaires, bien que sans importance, qui occupent une partie de votre journée. Ces activités comprennent entre autres, la migration quotidienne ou le temps de déplacement et les communications avec d'autres telles que la correspondance, les courriels, les appels téléphoniques, les réunions et les interruptions. Plusieurs de ces activités sont inévitables tandis que d'autres, comme le temps de déplacement au travail, peuvent vous donner l'occasion de lire ou d'écouter des enregistrements d'autoapprentissage.

Les priorités

Les priorités sont les activités clés qui sont responsables de la plus grande partie de votre succès en matière d'enrichissement. Les brasseurs d'affaires sont conscients qu'environ 20 % de leurs activités quotidiennes contribuent à 80 % de leur fortune. Il importe de reconnaître quelles activités font partie du 20 % qui contribue à la fortune et de se concentrer sur leur réalisation d'abord. Le tableau intitulé Le temps à votre emploi est un moyen simple, quoique puissant, de classer ces activités par ordre de priorité.

Remplissez le tableau ci-après en fonction du modèle et déterminez les activités qui sont des pertes de temps et celles qui donneront lieu à un meilleur rendement par rapport à vos objectifs d'enrichissement. Vous pouvez rendre certaines activités plus efficaces, par exemple en lisant la section des finances du journal ou d'une revue en déjeunant, et vous devrez en éliminer d'autres.

Date : _____   **Tableau du temps à votre service – modèle**

Activité	Temps investi	Objectif d'enrichissement précis	Catégorie (1)	Priorité (2)
Déjeuner	30 minutes	Identifier ou se renseigner sur les nouvelles SRM	OT	E
Migration quotidienne	45 minutes	Organiser les activités de la journée*	OT	A
Regarder la télévision	3 heures		PT	R#

*Si vous organisez votre journée, vous serez d'attaque dès votre arrivée au travail, ou d'établir votre horaire au retour du travail.
#Nous vous recommandons de rayer une partie de cette activité (deux heures à deux heures et demie) et de la remplacer par une lecture constructive.

Date : _____   **Tableau du temps à votre service**

Activité	Temps investi	Objectif d'enrichissement précis	Catégorie (1)	Priorité (2)

(1) Catégories :
   PT = perte de temps
   OT = obligation en matière de temps
   PT = priorité en matière de temps

(2) Classement des priorités :

E = essentiel – pour faire de l'argent et créer une fortune

A = avantageux – pour faire de l'argent et créer une fortune.

O = opportun – pour faire de l'argent et créer une fortune.

C = confier cette activité à une autre personne.

R = radier cette activité.

Les activités qui suivent sont prioritaires pour les brasseurs d'affaires ; veuillez axer la majorité de vos efforts quotidiens sur ces activités, notamment : établir et mettre en place un budget hebdomadaire, des objectifs financiers et un plan d'enrichissement, se concentrer sur la formation, le perfectionnement personnel, l'autorenouvellement, une meilleure organisation du temps, l'accroissement des relations avec les clients et du temps passé avec la famille et les amis.

Utilisez un système de planification du temps. Que votre système soit informatisé ou sur papier est sans importance, il faut l'utiliser. Un agenda de 10 $ sera aussi efficace qu'un assistant numérique personnel de 1 000 $. Lorsque les gens qui participent à nos conférences nous demandent lequel est meilleur, nous leur répondons toujours : « le système qui est *utilisé* est le meilleur ».

Le réseautage

Vous avez une idée de génie qui vous emballe et vous croyez faire fortune. Comment mettre le projet en activité ? Vous pourriez faire des appels à froid auprès des entreprises pertinentes dans l'espoir d'obtenir un rendez-vous et ultérieurement une vente, mais vous devrez peut-être prendre place à la suite d'une longue file de personnes toutes aussi intéressées. En règle générale, les gens aiment bien faire affaire avec des personnes qui ne sont pas inconnues. Bien que votre idée soit brillante, il est probable que pour la réaliser quelqu'un doive risquer de vous faire un prêt ou un bon de commande. Il est possible que vous ne puissiez pas tenir votre promesse. L'acheteur ou le prêteur sera alors exposé à d'autres pertes. Les personnes susceptibles de prendre le risque ou de vous aider lors de difficultés imprévues sont celles qui vous connaissent et qui vous estiment.

Le réseautage peut vous aider dans une telle situation et d'autres encore, y compris l'obtention d'un emploi. Bon nombre de personnes sont timides de nature et mal à l'aise lorsqu'elles rencontrent des étrangers. Il n'est peut-être pas prudent ou sage d'arrêter les passants dans la rue, mais cela ne vous empêche pas de jaser avec les personnes que vous rencontrez tous les jours à l'arrêt d'autobus ou à la blanchisserie. Un simple commentaire non menaçant à propos du temps ou des sports locaux sera peut-être rabroué, ou entraînera une conversation intéressante. Tout forum traitant du domaine de votre choix est l'endroit idéal pour pratiquer cette habileté

Par exemple, si vous voulez démarrer une ligne d'accessoires vestimentaires, un congrès du domaine de la mode ou l'assemblée annuelle d'un grand magasin sont des endroits où vous risquez de faire une rencontre « en or ». En effet, vous ne savez jamais ce qu'un étranger fait dans la vie. Il est peut-être astrophysicien et totalement désintéressé aux vêtements, mais il est peut-être tout autant un partisan du même groupe musical ou de la même équipe sportive que vous. Tout est possible et vous n'avez rien à investir pour le savoir. Imaginons maintenant que la dame qui amène son fils au même exercice de base-ball que vous est par hasard acheteuse principale pour une chaîne de vêtements. Bien qu'elle ne s'intéresse pas aux accessoires, vous risquez qu'elle connaisse des personnes qui le sont, ou tout au moins qu'elle vous permette d'avoir recours à ses idées relatives aux domaines qui vous sont inconnus tels que la distribution, le marketing ou la marge sur ventes raisonnable pour des produits semblables au vôtre.

Dans une telle situation, vous devez d'abord avoir deux choses en mains, notamment une carte professionnelle et ce qui est connue comme une « carte professionnelle de 30 secondes ». Lorsque vous rencontrez une personne pour la première fois et que vous arrivez à la question « que faites-vous dans la vie ? » il vous faut une bonne réponse. Une longue description de vos fantaisies par rapport au succès ou au gigantesque empire commercial prendra plus de temps que la durée d'attention de la personne qui vous a posé la question. Donnez une brève description de vous-même ou de ce que vous rêvez de devenir. Par exemple : « Mon nom est Melissa. Je suis directrice du magasin d'habillement XYZ au centre commercial Centre-ville et je viens tout juste de concevoir une ligne d'accessoires pour femmes enceintes. « Si la personne à qui vous parlez est intéressée au domaine ou a de l'expérience dans ce milieu, elle répondra et ce sera à vous de continuer.

Voici quelques points à noter lors du réseautage :

1. Soyez sans crainte, et approchez les personnes. Le pire scénario est qu'elles vous répondent « non ».

2. Soyez toujours poli, vous leur demanderez peut-être un service.

3. Ne soyez jamais irrespectueux de la concurrence, vous serez
    plus respecté et il se peut que la personne près de vous soit
    l'acheteur principal pour la concurrence et qu'elle s'intéresse
    à vos idées. Cette même personne est peut-être une amie ou
    une collègue de la concurrence. Tout est possible,
    soyez prudent.

4. Lors d'une situation sociale ne soyez pas trop axé sur la vente.
    Bien que la personne ait un intérêt professionnel dans votre
    domaine, elle ne veut peut-être pas discuter d'affaires dans ses
    temps libres. Vous ne voulez pas paraître trop anxieux ou
    désespéré. Tentez de faire une impression positive et échangez
    vos cartes professionnelles afin de préparer une
    autre conversation.

5. Ne coincez pas les gens, cela peut se retourner contre vous. Si,
    à votre avis la personne est une bonne ressource éventuelle,
    tentez de fixer un rendez-vous ou offrez de lui acheter un café.
    Si elle est très prise et ne semble pas avoir de temps à vous
    consacrer, n'allez pas plus loin. Vous aurez peut-être l'occasion
    de la rencontrer de nouveau et vous voulez qu'elle ait un bon
    souvenir de vous et non qu'elle se sauve dès qu'elle
    vous aperçoit.

Élaborer des relations de vente profitables

Selon notre recherche, 73 % de tous les millionnaires, fils de leurs
œuvres sont directement liés à la vente. Ils sont soit des professionnels
de la vente réussis, à temps plein et à commission élevée, qui ont
investit leur argent sagement au fil des années ou ils sont des
propriétaires d'entreprises participant activement à la vente de leurs
produits et services parmi leurs autres responsabilités quotidiennes.
Avant d'aller plus loin, il serait bon de partager notre définition de la
vente : **la vente est les processus selon lequel il est possible
d'influencer une personne ou de la convaincre de penser comme
vous**. À l'examen d'une définition de la vente aussi large, vous
constaterez rapidement que chacun participe à une vente quelconque
sur une base quotidienne. Prenez par exemple, un couple qui tente de
choisir un film. L'homme sera intéressé par le dernier film d'action
tandis que la femme est anxieuse de voir la comédie dont parlent tous
les gens du bureau. Le meilleur « vendeur » influencera l'autre, ce qui
déterminera le choix du film. Si vous voulez être témoin de vendeurs
efficaces en action, observez les enfants car ils sont des vendeurs

naturels. Ils sont des vendeurs positifs, créatifs, enthousiastes et tenaces. Lorsqu'un enfant veut quelque chose et qu'il doit « convaincre » un adulte de son besoin, il est très ingénieux dans sa façon d'influencer les autres à penser comme lui. Ce qui est malheureux, c'est que trop souvent, la société conditionne ces petits vendeurs négativement à un tel point qu'ils perdent leur habileté naturelle de vente. Une fois que ce phénomène se produit, plusieurs personnes ont beaucoup de difficulté à reprendre leurs habiletés de vendeur efficace. C'est ce qui explique pourquoi nos programmes de formation en matière de vente sont toujours combles.

Plusieurs autres facteurs font en sorte que bon nombre d'adultes ne sont pas aussi efficaces en matière de vente qu'ils ne pourraient l'être. La mauvaise connotation attribuée à la vente en général dans la plupart des cultures est l'un des facteurs les plus important. La personne moyenne associe généralement la vente à un processus négatif, quelque chose que l'on inflige à une autre personne. L'image de stéréotypes tel un « vendeur de voitures d'occasion » manipulateur, roublard, imposant et parfois malhonnête, vient à l'esprit. En réalité, le domaine de la vente, comme toute autre profession, comprend à la fois des joueurs honnêtes et malhonnêtes. La vente est une action neutre, elle n'est ni positive ni négative. L'intention du vendeur marque la différence. Tente-t-il de prendre avantage de l'acheteur ou se concentre-t-il sur une situation réellement favorable aux deux parties ? Le vendeur professionnel intègre croit que **la vente est une action de *partage* et non une *imposition*.** Le vendeur négatif, dont l'approche est agressive, adopte le slogan personnel selon lequel il peut « vendre un réfrigérateur aux Inuits ». Ce qui cloche avec un tel slogan, c'est que la personne qui l'adopte fera tout en son pouvoir pour forcer un client à acheter un produit ou un service bien qu'il n'en ait absolument pas besoin.

Un autre type de vendeur problématique est celui qui prend la commande. Cette personne est orientée vers la « non vente ». Elle n'offre aucun conseil réel ou ne présente aucun choix aux clients. Elle attend passivement près du téléphone ou de la caisse enregistreuse afin de traiter la prochaine transaction. Cette approche fait défaut dans le sens que le client a le sentiment que ni la personne ni la société ne s'intéresse à ses besoins ou à ceux de son entreprise. Les sociétés et leur personnel de vente ratent l'occasion rêvée de répondre à tous les besoins de leurs clients et de rendre l'expérience plus satisfaisante tout en affichant une hausse de revenus.

Le dernier type de vendeur problématique est celui qui « refuse de vendre ». Ces personnes croient que la vente est indigne d'elles. D'une voix hautaine, vous les entendrez souvent prononcer, « Je n'ai pas fréquenté l'université pour devenir vendeur, je suis après tout, professionnel ». Même les professionnels doivent vendre s'ils veulent réussir dans leur pratique. Les médecins, les avocats et les comptables sont tous des vendeurs. Ils n'utilisent pas des méthodes de vente agressives ; ils cultivent plutôt une relation avec leurs clients.

La meilleure méthode est la vente par réseau coopté. C'est une méthode de vente professionnelle, positive, proactive, à long terme, à intégrité élevée et favorable aux deux parties. Dans l'ensemble, elle vise à ce que les énergies soient axées sur l'élaboration d'une relation de confiance avec vos clients éventuels afin que vous soyez en mesure de déterminer si vos produits et services répondent bien à leurs besoins. Les acheteurs éventuels doivent faire preuve des trois éléments suivants (C, B et D) s'ils veulent devenir clients, notamment

Capacité — la capacité d'acheter des biens ou des services comptant ou par crédit.

Besoin — le réel besoin du bien ou du service.

Désir — le désir de faire affaire avec le vendeur et la société dont il représente.

Le vendeur ne peut créer les deux premiers éléments, soit la capacité et le besoin. L'acheteur seul peut en faire preuve. Cependant, l'acheteur pourrait ne pas être conscient de son besoin. À ce moment, le vendeur devra sensibiliser l'acheteur à son besoin, mais non créer le besoin comme tel.

Dans le cas de la vente par réseau coopté, le vendeur doit s'efforcer d'accroître le désir de l'acheteur de faire affaire avec eux. La vente par réseau coopté n'est pas une manipulation, elle n'est pas mystérieuse ni magique. En fait, c'est le moyen le plus naturel de vendre.

L'accent étant sur les besoins réels de l'acheteur, l'échange est fondé sur la communication ouverte et honnête, et sur le dialogue entre l'acheteur et le vendeur, ce dernier étant plus à l'écoute. La règle de 30/ 70 est une bonne façon de se rappeler l'importance de l'écoute pendant ce processus. Selon la règle, le vendeur qui veut bâtir une relation positive doit, pour être efficace, limiter ses interventions à 30 % pendant la conversation tout en écoutant 70 % du temps. Cela lui donne l'occasion de connaître les besoins et les motivations de l'acheteur à fond tout en établissant une relation.

> Dieu a donné à l'homme une langue et deux oreilles afin qu'il puisse écouter deux fois plus qu'il ne parle.
>
> Si vous parlez, vous n'écoutez pas. Si vous n'écoutez pas, vous n'apprenez pas. [Traduction]
>
> – Lyndon B. Johnson

La règle « Demander par opposition à dicter » est aussi utile à la vente par réseau coopté. Cette règle nous rappelle que si nous dictons tout, alors nous pratiquons la vente agressive. Si nous posons des questions positives et respectueuses, nous apprenons à connaître l'acheteur.

Le diagramme ci-après illustre les six étapes naturelles de la vente par réseau coopté. Nous les qualifions d'étapes naturelles car dès que vous aurez réussi la première, la deuxième s'enchaînera naturellement et ainsi de suite. Toutefois, si vous tentez de faire abstraction d'une étape, le processus s'arrêtera là.

Les six étapes naturelles de la vente par réseau coopté

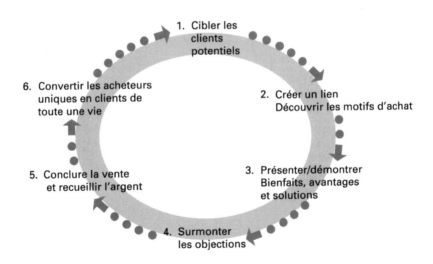

1. Cibler les clients potentiels
2. Créer un lien
   Découvrir les motifs d'achat
3. Présenter/démontrer
   Bienfaits, avantages et solutions
4. Surmonter les objections
5. Conclure la vente et recueillir l'argent
6. Convertir les acheteurs uniques en clients de toute une vie

Première étape – cibler les clients potentiels

La présente étape est proactive, celle où le vendeur détermine les acheteurs éventuels précis pour lesquels il est prêt à investir son temps, son énergie et son argent en vue de développer une relation. La meilleure approche consiste à établir des critères afin de classer les divers clients potentiels selon les catégories E, A et O. E correspond au client potentiel essentiel à la croissance et au succès de la société. A correspond au client avantageux et O correspond au client opportun. Les critères sont entre autres, le volume des ventes possible, les profits, la crédibilité du nom du client, la capacité du client à aiguiller des affaires nouvelles ou l'entrée dans un nouveau marché.

Deuxième étape – créer un lien et découvrir les motifs d'achat

Le fondement de la vente par réseau coopté vise à ce que le vendeur établisse un lien avec l'acheteur dès le début du processus de vente. Pour y arriver, il s'agit de se concentrer sur les besoins de l'acheteur par opposition à ceux du vendeur. Le vendeur devra poser bon nombre de questions permettant à l'acheteur d'être à l'aise et de partager ses besoins réels, ses défis et ses possibilités. La technique visant à créer des liens entre les deux parties est connue comme l'appariement et la réflexion. Selon cette technique, le vendeur adapte sa façon de communiquer à celle de l'acheteur. Ainsi, le vendeur observe le style de communication verbale et non verbale de l'acheteur. Si le vendeur remarque que l'acheteur adopte une position assise formelle et parle lentement avec une voix grave, il devra « refléter » le langage corporel et le ton de voix de l'acheteur, et lui répondre de la même manière. Il ne s'agit pas de se moquer, de ridiculiser ou de rire de l'acheteur ; il s'agit plutôt de respecter le style de communication choisi par ce dernier afin qu'il se sente à l'aise en raison de votre style similaire. Cette technique, si elle est bien utilisée, permet à l'acheteur d'être à l'aise et de créer un sentiment de confiance entre les deux parties. En raison du sentiment de confiance et du dialogue franc, l'acheteur sera plus apte à vous révéler les principaux motifs qui influeront sur sa décision d'achat.

Les motifs d'achat peuvent s'exprimer de bien des façons, mais les deux principaux motifs qui influencent chacune des décisions d'achat des adultes sont : éviter le désagrément ou atteindre un certain plaisir. Si le vendeur peut découvrir comment son produit ou service peut aider l'acheteur à éviter des désagréments ou à atteindre un certain plaisir, ses chances d'établir une relation et de boucler la vente seront élevées. Certains enjeux de « désagrément » qui préoccupent l'acheteur sont par exemple, des pertes éventuelles, des occasions ratées, le stress et les coûts élevés. Certains enjeux de « plaisir » sont par exemple, l'accroissement des recettes ou des gains, un sentiment de liberté et de satisfaction personnelle. Il est essentiel pour le vendeur d'apprendre quels sont les principaux motifs d'achat du client.

> Rien d'important n'a été réalisé sans enthousiasme.
> [Traduction]
>
> – Ralph Waldo Emerson

Troisième étape – présenter et démontrer les bienfaits, les avantages et les solutions

Une fois que le vendeur a établi un rapport avec l'acheteur, qu'il a déterminé ses besoins réels et qu'il a découvert ses motifs d'achat, il doit présenter et démontrer les bienfaits, les avantages et les solutions uniques que lui offrent ses produits et services. À cette étape, comme un lien a été créé, l'acheteur est prêt à entendre les recommandations du vendeur. Le vendeur, à ce point, est beaucoup plus en mesure d'exprimer sa solution de manière à toucher l'acheteur.

Quatrième étape – surmonter les objections

À l'étape de la présentation et de la démonstration, le vendeur devra répondre aux objections de l'acheteur avant d'aller plus loin. Il importe de se rappeler que les objections font partie du processus normal de la vente. Cela n'est pas négatif, les objections indiquent simplement que l'acheteur est soit incertain du commentaire du vendeur ou ne voit pas la valeur de l'offre de ce dernier. Une objection n'est pas un « rejet », mais plutôt une occasion pour le vendeur de rétablir sa position.

Cinquième étape – conclure la vente et recueillir l'argent

Une fois que les objections de l'acheteur ont été réglées de façon positive, la prochaine étape consiste à conclure la vente. Parfois, l'acheteur aura besoin d'un petit coup de pouce pour boucler la vente. Cela peut prendre la forme d'un commentaire tel : « À mon avis, nous nous sommes entendus sur tous les points importants, et il ne reste plus qu'à signer le contrat ». Si le vendeur a bien évalué la situation, l'acheteur acceptera gaiement de signer le contrat. Si l'acheteur résiste à la signature, c'est que le vendeur a mal interprété la volonté et les besoins de l'acheteur et il devra prendre du recul afin de régler toute objection non résolue.

Sixième étape – convertir les acheteurs uniques en clients de toute une vie

La plupart des personnes croient que lorsque la vente est conclue, le processus est terminé. En réalité, le processus de vente n'a que démarré. L'erreur la plus commune que commettent les sociétés partout au monde est d'investir toutes leurs ressources à l'obtention d'affaires nouvelles et rien à la rétention de leurs clients clés par le biais d'un service à la clientèle efficace et proactif. Vous devrez investir de cinq à sept fois plus de temps, d'argent et d'énergie pour repêcher un nouveau client qu'il ne vous faudra pour satisfaire un client existant. À notre avis, il est plus astucieux d'investir l'argent dans le service aux clients actuels. En retour, ils répéteront leurs achats et aiguilleront d'autres clients vers votre entreprise. Voici une statistique intéressante : chaque client malheureux, en moyenne, le dira à 10 autres personnes ; chaque client satisfait le dira à trois autres personnes. Le vieil adage est vrai : De bouche à oreille, voilà la meilleure (et la pire) publicité.

Pour plus de renseignements au sujet nos stages d'étude sur les ventes personnalisées et le développement des affaires ainsi que nos services d'experts-conseils, veuillez consulter notre site Web à www.abcsofmakingmoney.com.

LA NÉGOCIATION EST UNE TECHNIQUE ESSENTIELLE À L'ENRICHISSEMENT

La technique de négociation est essentielle à votre réussite en tant que brasseur d'affaires et indispensable à la réalisation de votre objectif qui vise la satisfaction des parties. Une négociation réussie vous permettra de conserver et de maximiser de l'argent tout en satisfaisant l'autre personne. Si vous n'avez pas maîtrisé la technique de négociation, vous serez peut-être propriétaire d'une entreprise qui affiche un important volume de ventes mais de bien petites recettes. Tout le travail qui entoure la vente, notamment les préparatifs, l'élaboration d'une relation, la découverte des motifs d'achats, la présentation et la démonstration, la résolution de toute objection et même une bonne technique de clôture, n'aura aucun effet sans la technique de négociation car vous laisserez peut-être la moitié des recettes en cours de route. Après y avoir investi autant de travail, pourquoi ne pas réaliser le meilleur profit possible.

De bonnes négociations entraînent les recettes les plus élevées. La négociation vous permet de satisfaire l'autre partie tout en maximisant vos recettes.

Le négociateur efficace doit être solide dans les domaines suivants :

- connaissance du produit et du client ;
- habileté à communiquer ;
- attitude positive ;
- capacités d'organisation personnelle solides ;
- autodiscipline ;
- résolution de problème novatrice ;
- compréhension du comportement humain ;
- connaissance des tactiques et des stratégies de négociation ;
- engagement envers l'élaboration des relations d'affaires à long terme.

La négociation est une technique apprise, c'est une habileté, comme le jeu de golf, qui se perfectionne par la pratique. Il est vrai que certaines personnes sont plus douées que d'autres dans l'art de négocier, tout comme certaines personnes sont plus douées pour le sport. Cependant, comme tout autre jeu, une fois que vous connaissez les règles et que vous vous exercez, vous devenez meilleur. Les règles énumérées ci-après, conçues particulièrement pour les vendeurs, visent à préparer le lecteur à travailler à sa propre entreprise. Ces principes, dans un contexte plus large, sont les mêmes que vous utiliseriez lors de l'achat d'une voiture ou d'une tondeuse usagée dans une vente-débarras.

Les huit règles de la négociation selon Denis et Alan

Règle n° 1 : La négociation est un processus, non une activité unique

La plupart des programmes de négociation sont fondés sur la manipulation, les stratagèmes et les tactiques obscures. Ces méthodes sont toutes efficaces une première fois ! Ce qui est correct si vous ne revoyez jamais ce client. En réalité, vous ferez vraisemblablement affaire avec ce client à l'avenir, sans mentionner ses amis et ses connaissances. La négociation professionnelle est fondée sur la valeur accrue et la profitabilité des relations à long terme plutôt que sur des trucs et des stratagèmes. Le processus de négociation débute dès la première étape du cycle de vente naturel décrit plus tôt dans le présent chapitre.

Après chaque rencontre, l'acheteur doit sentir que vous apportez plus de valeur et d'intégrité à la relation. Il vous perçoit soit comme un allié en affaires, spécialisé dans la résolution de ses problèmes, ou comme un ennemi qui cherche à l'arnaquer. Voilà pourquoi la négociation est un processus et non une activité. C'est l'évolution constante des relations indispensables qui composent votre base de clients. Si vous ne réglez pas la situation de façon équitable, vous nuirez à la relation entre le client et la société ce qui entravera les marchés futurs. Par contre, si vous acquiescez inutilement aux demandes de l'acheteur, vous formez le client à ronger vos profits.

Règle n° 2 : L'essentiel c'est l'information

Lorsque vous entamez des négociations, il vous est impossible d'être trop renseigné. L'information équivaut au pouvoir et si vous négociez sans information, vous êtes en position de déficit. Tout homme d'affaires réussi sait qu'aucun marché est autonome. Chaque partie concernée négocie selon ses antécédents, sa personnalité, son style, ses préjudices et ses opinions.

Vous voulez savoir :

- Qu'est-ce qui est important pour l'acheteur ?
- Quels sont ses besoins ?
- Que cherche-t-il et pourquoi ?
- Quels marchés antérieurs a-t-il conclus avec votre entreprise ?
- Quelle est votre concurrence dans ce marché ?
- Qu'a-t-il apprécié lors des marchés antérieurs avec votre entreprise ?
- Qu'est-ce qui lui a déplu lors de ces marchés ?

Règle n° 3 : Éliminer les surprises

Comment pourriez-vous mieux préparer la négociation pour éviter un mauvaise surprise de l'autre partie ? Quelle situation pourriez-vous créer qui donnerait avantage à l'autre partie ? Quels « mots magiques » pourraient déclencher une émotion négative chez l'autre personne ? Quel avantage concurrentiel pourrait exercer un compétiteur contre vous ?

Règle n° 4 : Connaître vos forces

Quels avantages concurrentiels possédez-vous par rapport à vos compétiteurs ? Pourquoi l'acheteur devrait-il faire affaire avec vous ?

Règle n° 5 : Appuyer une philosophie qui vise la satisfaction des deux parties

Pourquoi ce marché est-il dans l'intérêt des deux parties ? Quelle est l'importance de contracter ce marché en vue de développer la relation davantage ? Quelles mesures pouvez-vous prendre pour assurer un marché qui satisfait les deux parties ?

Règle n° 6 : L'habit ne fait pas le moine

Ne sous-estimez jamais les capacités ou le pouvoir de négociation de l'autre personne. Le moment où vous commencez à le sous-estimer, voilà le moment où vous commencer à éroder vos profits.

Règle n° 7 : Tracez une « ligne imaginaire »

Connaissez vos limites avant de commencer les négociations. Déterminez un montant minimum ou maximum absolu qui vous est acceptable. Imaginez à l'avance les conséquences possibles d'une action intransigeante afin que vous puissiez prendre une décision, le cas échéant, qui ne nuira pas à la relation et que vous ne regretterez pas par la suite. Identifiez la « ligne imaginaire » que vous n'êtes pas prêt à dépasser en matière de compromis. C'est la ligne qui marque le point où vous êtes prêt à laisser tomber les négociations.

Règle n° 8 : L'expérience du passé

Examinez vos négociations antérieures afin d'évaluer votre rendement. Que pourriez-vous changer la prochaine fois ? Comment pouvez-vous améliorer le revenu net et la relation à la fois ?

ACCROÎTRE LES COMPÉTENCES EN COMPTABILITÉ POUR LE BRASSEUR D'AFFAIRES

La comptabilité est le langage de l'argent. Les brasseurs d'affaires utilisent le langage de la comptabilité afin de tenir compte de leurs actifs en matière de finances.

Les termes utilisés en comptabilité créent parfois la confusion et semblent étranges ; c'est pourquoi vous ne comprenez pas l'information financière aussi bien que vous l'aimeriez. Une fois que vous vous serez familiarisé avec les renseignements de base, cela sera plus facile. Les pages qui suivent vous présentent les renseignements fondamentaux qui vous aideront à mieux comprendre le langage de l'argent. Cela vous aidera lorsque vous lirez la section des affaires dans le journal ainsi que des livres ou des rapports financiers. Vous serez plus à l'aise lorsque vous converserez avec des gens d'affaires et vous paraîtrez plus intelligent. Nous sommes conscients que pour la plupart, ce genre d'information est aussi stimulant que d'observer la peinture sécher, mais nous vous présentons uniquement les éléments de base aussi simplement que possible.

Les principaux concepts de comptabilité que doivent maîtriser les brasseurs d'affaires sont les états financiers et les ratios. En règle générale, les états financiers font référence au bilan et au compte de résultat d'une société. Le bilan est un rapport qui illustre la situation financière de la société. L'état des résultats (aussi connu comme le compte de profits et pertes) est le résumé des bénéfices obtenus. Tout rapport qui évalue le déplacement de l'argent à même la société peut aussi faire partie des états financiers. En somme, les états financiers dévoilent plus d'information sur le rendement financier et la situation financière d'une société que toute autre source de renseignements.

En règle générale, les états financiers vous dévoileront les renseignements suivants (si vous êtes propriétaire de l'entreprise) :

- Localiser les forces et les faiblesses d'une entreprise.
- Déterminer un prix de vente ou d'achat réaliste.
- Décider si vous devez emprunter de l'argent.
- Identifier où va l'argent.
- Identifier et récompenser les gagnants.
- Connaître sans aucun doute votre seuil de rentabilité.
- Déterminer les produits gagnants et les produits perdants.
- Découvrir un problème de détournement de fonds.
- Approcher vos banquiers en sachant le montant qu'ils sont prêts à vous prêter.
- Connaître le roulement de votre entreprise, financier et autres.

Les états financiers ne vous dévoileront pas :
- Comment réparer une mauvaise situation financière.
- Ce que vous réserve l'avenir.

En règle générale, les états financiers vous dévoileront les renseignements suivants (si vous êtes un investisseur) :

- Ils localiseront les forces et les faiblesses d'une entreprise et détermineront si vous désirez y investir.
- Ils détermineront le prix réaliste d'une action.
- Ils compareront le rendement de la société avec celui de ses compétiteurs

Les états financiers ne vous dévoileront pas :

- Les perturbations éventuelles dans la ligne d'approvisionnement.
- Les nouvelles stratégies des compétiteurs.
- Les conflits de travail en suspens.
- Comment les systèmes météorologiques affecteront les récoltes.
- L'impact des événements extraordinaires comme celui du « 11 septembre » sur les diverses industries.

Le bilan

Le bilan fournit une analyse sélective de la situation financière d'une société à un certain moment. Chaque transaction qu'effectue l'entreprise aura un effet sur le bilan. Imaginez la photo de jeunes mariés. Cette photo reflétera leur image la première journée de leur mariage. Dix ans plus tard, la photographie montrera le couple avec leurs deux enfants ; 25 ans plus tard, elle reflétera l'image du couple, de leurs enfants et de leurs petits enfants, et ainsi de suite. De la même façon, le bilan reflète la situation financière de la société à une date précise.

La formule de base pour le bilan est la suivante :

Actifs = passifs + capitaux propres

Définitions relatives au bilan

- **Actifs :** Tout objet de valeur tel que l'argent, les comptes clients, les véhicules, l'inventaire ou les terrains qui sont la propriété de la société. En comptabilité, les actifs sont répartis selon deux autres catégories : les actifs à court terme et les actifs immobilisés.

- **Passifs :** Tout montant (dette) que la société doit à une tierce partie.
- **Capitaux propres :** Tout surplus ou fonds excédentaires que la société détient en actions ordinaires ou en bénéfices non répartis. Cela représente la valeur nette de la participation duçpropriétaire.

Renseignements supplémentaires relatifs aux actifs et aux passifs

Les actifs ne sont pas tous pareils. L'argent est roi. Par contre, votre camion, bien qu'il soit un actif, ne se convertit pas en espèces facilement. Vous ne voulez pas vendre votre camion pour payer le compte de téléphone. Ainsi, les actifs sont répartis selon deux catégories :

1. **Les actifs à court terme** – de tels actifs peuvent être convertis en espèces dans un court délai ; ils comprennent :

   - **les espèces :** l'encaisse et l'argent en banque ;
   - **les comptes clients :** des promesses à court terme des clients qui vous doivent de l'argent pour une valeur reçue. Le délai de paiement est habituellement de 30 jours, ce qui veut dire qu'une fois la facture payée, le chèque du client se convertit en argent à la banque ;
   - **l'inventaire :** vous achetez un inventaire dans le but d'y ajouter de la valeur et de le vendre afin de générer plus d'argent, ou de comptes clients.

2. **Les actifs immobilisés :** c'est-à-dire, les actifs qui ne se convertissent pas facilement en espèces, tels que les véhicules, les outils, les bâtiments et les terrains. Ces actifs sont mieux utilisés pour exploiter l'entreprise et effectuer le travail – non pour vendre en vue de créer de l'argent pour payer les factures.

Les passifs peuvent être classés en deux catégories fondamentales, notamment :

- **le passif à court terme :** c'est-à-dire, les dettes à court terme ou les obligations qui sont exigibles à l'intérieur des 12 prochains mois.
- **le passif à long terme :** c'est-à-dire, les dettes à long terme ou les obligations qui sont amorties de manière à être repayées sur une période de plus d'un an (par exemple, l'hypothèque sur un immeuble).

Modèle d'un bilan		
Actifs	**Passifs**	
À court terme 100 000 $	à court terme	50 000 $
Immobilisés 150 000 $	à long terme	100 000 $
	Capitaux propres	
	Actions ordinaires	40 000 $
	Bénéfices non répartis	60 000 $
Total des actifs 250,000 $	**Total des capitaux propres ou des bénéfices non répartis**	250,000 $

Quels renseignements le bilan modèle ci-dessus nous fournit-il sur la société ? Pour le savoir il s'agit de faire une étude du ratio de liquidité générale. Il est très important de vérifier le rapport entre le montant des actifs à court terme et celui des passifs à court terme. Les propriétaires d'entreprises ont besoin de plus d'actifs à court terme que de passifs à court terme, sans quoi ils ne seront pas en mesure de payer les factures ! Cette méthode de mesure des actifs et des passifs à court terme est connue comme le ratio de liquidité générale. Les propriétaires d'entreprises dormiront mieux le soir s'ils peuvent maintenir un ratio de liquidité générale de 2 pour 1. En d'autres mots, visez deux fois plus d'actifs à court terme que de passifs à court terme.

Le flux de trésorerie

La rentrée de fonds est le déplacement et les délais d'entrée et de sortie de l'argent par rapport à la société. La rentrée de fonds est la sauvegarde de l'entreprise ! Un flux de trésorerie est un rapport qui affiche mois par mois, les entrées et les sorties d'argent de la société.

L'état des résultats

Une autre méthode efficace qui permet de déterminer la santé financière d'une entreprise est l'état des résultats. L'état des résultats (aussi connu comme compte de profits et pertes) est un rapport qui résume le résultat des activités pendant une période donnée, généralement de 12 mois. L'état des résultats vous indique le montant des recettes ou des pertes, pendant la période comptable. Ainsi, l'état des résultats répond à la question : « Où l'argent est-il passé ? ». La formule de base est la suivante :

Revenus – dépenses d'exploitation = profits

Que vous indiquera un état des résultats ? En tant qu'investisseur, il vous indiquera le niveau de revenus de chaque action. Prenez l'exemple suivant :

Modèle d'un état des résultats	
Revenus (ventes)	250,000 $
Dépenses	
Intérêts	15,000 $
Salaires	75,000 $
Frais généraux	25,000 $
Marketing	30,000 $
Autres	45,000 $
Total Expenses	190,000 $
Net Profit	60,000 $

Ratios financiers

Un ratio financier est simplement un autre moyen de marquer les points. C'est une façon d'exprimer le rendement de la société. La plupart des sports, comme le base-ball, utilisent des ratios pour donner une image plus détaillée de la manière dont s'est déroulée la partie. Le score final vous annonce quelle équipe a gagné et par combien de points, mais ne vous indique pas comment ce pointage a été atteint. Pour en connaître davantage, il faudrait examiner les prises, le nombre d'erreurs, les buts volés et les moyennes au bâton. Si l'on compare ces statistiques par rapport à chaque équipe, il est possible de savoir comment la partie a été jouée. Si le score final affiche un faible écart, cela ne veut pas nécessairement dire que les deux équipes sont de force égale. Une équipe comprend peut-être des frappeurs supérieurs tandis que l'autre a un meilleur lanceur. Cette même logique s'applique lorsqu'il s'agit d'analyser les forces et les faiblesses d'une entreprise. L'on doit se familiariser avec trois ratios clés, notamment : le rendement du capital investi, le pourcentage du bénéfice net des ventes et la capacité de payer des intérêts.

Le rendement du capital investi

Pour déterminer le rendement du capital investi en tant qu'investisseur dans la société, vous devez appliquer la formule suivante :

$$\frac{\text{Bénéfice net : 60 000 \$}}{\text{Investissement : 40 000 \$}} = 150 \ \%$$

Un rendement du capital investi de 150 % serait très bon.

Pourcentage bénéfice net des ventes

Pour déterminer le pourcentage du bénéfice net des ventes vous devez appliquer la formule suivante :

$$\frac{\text{Bénéfice net : 60 000 \$}}{\text{Total des ventes : 250 000 \$}} = 24 \ \%$$

Une excellente question à poser est la suivante : comment ce résultat se compare-t-il aux autres sociétés de la même industrie ?

Capacité de payer des intérêts

Pour déterminer la capacité de payer des intérêts à partir du revenu, utilisez la formule suivante :

$$\frac{\text{Bénéfice net : 60 000 \$}}{\text{Total des dépenses en intérêts 15,000 \$}} = \text{un ratio de 4 pour 1}$$

Les frais d'intérêts sont bien couverts.

Si vous comprenez mieux vos états des résultats et que vous les analysez, vous serez plus aptes à répondre aux questions suivantes :

- Combien dois-je inscrire de ventes pour atteindre mes buts ?
- Mon prix de vente est-il convenable ?
- Mes dépenses sont-elles conformes aux normes de l'industrie ?

Une liste de contrôle pour vous aider à améliorer les états des résultats

- Comment les données sont-elles entrées au système de comptabilité ? Toutes les personnes qui participent à l'entrée des données et à la comptabilité sont-elles bien formées ? Ne partez jamais de l'hypothèse que tout est exact !
- Les états financiers de votre entreprise sont-ils complets et prêts aux fins d'analyse à chaque mois ?
- Comparez les états financiers du mois dernier à ceux du même mois l'an passé. Quelles sont les différences, et que vous indiquent-elles ?
- Vérifiez les tendances et les changements qui sont plus marquées pendant une période de quelques mois.
- Notez un compte qui affiche habituellement un solde positif et qui tout à coup affiche un solde négatif, et inversement.
- Examinez les états financiers réels par opposition à votre budget. Sont-ils rapprochés ?
- Parlez à vos gestionnaires de toute divergence ou de toute préoccupation relative à l'information. Travaillez de concert.
- Partagez les données pertinentes avec vos employés. Ne pensez pas que vous ou vos employés doivent tout savoir en matière de comptabilité. Vous pouvez apprendre ensemble et vous entraider.
- Fixez des objectifs ou étudiez et révisez vos objectifs.

Veillez à protéger vos états financiers en ayant des fichiers de sauvegarde ou en gardant des copies papier dans un endroit sûr et à l'épreuve du feu.

Peu importe à quel niveau vous voulez jouer le jeu de la fortune – allant d'un investisseur occasionnel à un entrepreneur sérieux – vous devez connaître les règles et le langage. Par conséquent, il est important de connaître les règles et de savoir comment réussir au jeu. Comme nous l'avons déjà mentionné, « Si vous êtes à la hauteur, vous êtes dans le domaine de la vente ». Le présent chapitre vise à vous préparer pour le combat armé du jeu. Présentement, vous devriez négocier de meilleurs marchés, utiliser votre temps plus efficacement et conclure plus de ventes avec succès. Voici certaines questions fondamentales à revoir.

RÉSUMÉ DU CHAPITRE ET QUESTIONS

1. Quelles pertes de temps puis-je éliminer de ma vie ?
2. Quelles obligations de temps puis-je rendre plus productives ?
3. Comment puis-je le réaliser ?
4. Quelles sont les priorités en matière de temps auxquelles je dois dévouer plus d'énergie ?
5. Suis-je engagé à mettre à jour mon « Tableau du temps à votre service » quotidiennement ?
6. Quand dois-je m'engager à remplir ce tableau ?
7. Quelles sont les personnes que j'aimerais rencontrer et qu'est-ce que j'aimerais apprendre par suite du réseautage ?
8. Suis-je à l'aise avec l'idée d'être « vendeur » ?
9. Sinon, est-ce que je reconnais la valeur de développer mes habiletés en matière de vente ?
10. Si oui, quelles étapes particulières dois-je suivre pour améliorer mes qualités de vendeur ?
11. Du point de vue de la vente, que veut dire C.B.D., et comment la maîtrise de ce principe m'aidera-t-elle à réaliser mes objectifs d'enrichissement ?
12. Quelles étapes parmi les six étapes naturelles de la vente dois-je améliorer ? Comment puis-je y arriver ?
13. Comment puis-je améliorer mes habiletés en matière de négociation ?
14. Pourquoi devrais-je être plus compétent sur le plan financier ?
15. Quelles autres compétences dois-je développer sur le plan financier ? Comment puis-je réaliser un tel apprentissage ?

Tous les comportements décrits dans la présente section prennent appui sur les modifications fondamentales de l'attitude présentées à la première section. Les divers comportements dont nous avons discuté sont comme les barreaux d'une échelle. Les méthodes les plus efficaces pour grimper l'échelle du succès et de la fortune sont les suivantes : savoir comment fixer des objectifs nouveaux ; vivre plus sobrement ; organiser votre budget et votre temps ; apprendre à perfectionner vos habiletés en lien avec votre travail ; interagir avec les riches ; et utiliser vos habiletés relatives aux avantages stratégiques, au réseautage, à la négociation et à la vente.

Les personnes plus audacieuses et dont les objectifs financiers sont beaucoup plus élevés trouveront cette méthode trop ralentie. Leurs objectifs d'enrichissement exigent des outils d'avancement différents.

Les personnes riches veulent accumuler leur fortune rapidement sans trop d'effort physique. Ils utilisent la méthode des échelons pour se repérer et acquérir de l'expérience, puis ils se dirigent vers l'ascenseur. La créativité est l'élément qui propulse l'ascenseur de l'entreprenariat, et fait aussi l'objet de la troisième section du présent livre. Les étapes plus graduelles des échelons conviennent à la majorité des personnes qui commencent tout juste à apprendre les principes de l'entreprenariat. Selon les brasseurs d'affaires plus audacieux, c'est-à-dire, ceux qui veulent rapidement créer une immense fortune et qui osent prendre des risques calculés, l'utilisation unique de la méthode des échelons est une approche à « petite échelle ».

> Vous devez toujours affronter l'échec sur la route du succès. [Traduction]
>
> – Mickey Rooney

Le dernier chapitre trace la route vers un avenir beaucoup plus fortuné. Cela exigera une campagne personnelle beaucoup plus dynamique, mais qui entraînera des récompenses financières beaucoup plus grandes. Encore, nous vous ferons passer des comportements conservateurs à des comportements plus risqués, la récompense correspondant au montant d'énergie dépensé et aux mesures prises. Bien que les risques soient plus grands, le chapitre 7 vous apprendra à récolter les mêmes récompenses que les personnes très riches.

SECTION III

CREATION DE LA FORTUNE

7

CONCEPTION D'UNE FORTUNE EXTRAORDINAIRE AU MOYEN DE SOURCES DE REVENUS MULTIPLES

Une fois que vous aurez corrigé votre attitude d'enrichissement limitée, changé tout comportement donnant lieu à une mauvaise gestion du budget ou habitude de crédit, et que vous aurez déposé des montants réguliers aux fins d'investissement, vous serez prêt à suivre les stratégies précises et faciles à réaliser qui suivent et vous entrerez dans le monde des riches.

Le fait que 74 % des millionnaires, fils de leurs œuvres, sont propriétaires de leur propre entreprise est ce qui vous motivera à prendre le temps de lire la présente section. Bien entendu, nous connaissons tous l'histoire de personnes qui, en apparence, n'ont pas un sou et vivent dans un bâtiment pratiquement abandonné, et qui, à leur décès, laissent une fortune de plusieurs millions de dollars. Ce sont là des exemples de personnes qui ont adopté de façon obsessive les comportements sobres décrits au chapitre quatre. À part ses exceptions, la plupart des personnes riches ont soit hérité leur argent (ou l'entreprise familiale), ou vraisemblablement, ont mis à profit leur propre créativité et démarré leur propre entreprise. Bill Gates (Microsoft), Michael Dell (Dell Computers), Steve Case (AOL), Colonel Harland Sanders (KFC), Ray Croc (McDonald) et Warren Buffett (Berkshire Hathaway Investments) n'en sont que quelques exemples.

> La créativité est l'arrêt soudain de l'imbécillité.
> [Traduction]
>
> – Dr E. Land, inventeur de Polaroid

La présente section plaira davantage à certaines personnes tandis que d'autres la trouveront plus difficile. Les sources de revenus multiples (SRM) concernent la diversification. Cela peut, simplement être une source de revenu autre que votre emploi régulier. Cette source de revenu supplémentaire peut devenir pour vous un emploi à temps plein où vous aurez, en vrai entrepreneur, plusieurs sources de revenus. Cela dépend de votre niveau d'intérêt, de votre temps et de vos énergies. Plus vous êtes créatif, plus vous vous enrichissez.

Denis écrit : « jusqu'au moment où j'ai rencontré Alan, il y a environ 10 ans, il travaillait surtout comme réalisateur/rédacteur pour les émissions de radio et de télévision à l'échelle nationale, les événements et les documentaires ainsi qu'en tant qu'ingénieur-conseil en radiodiffusion. Je travaillais principalement comme conférencier, formateur et conseiller financier. Notre rencontre a eu lieu à l'occasion d'une consultation avec le même client, un diffuseur qui mettait sur pied un réseau. J'étais responsable de la dotation en personnel et des finances tandis que Alan se concentrait sur la programmation et la gestion.

« Dès notre rencontre, nous avons vite remarqué l'aspect d'entrepreneurship chez l'un et l'autre. En très peu de temps, nous avons conclu une entente selon laquelle Alan utiliserait ses habiletés de rédacteur et de réalisateur pour m'aider à élaborer et à réaliser une série d'émissions de télévision visant à aider les adolescents à instaurer l'estime de soi et l'entrepreneurship. Après avoir discuté de l'ensemble de nos compétences complémentaires et nos philosophies communes par rapport aux affaires, nous avons décidé d'entreprendre certains projets de consultation financière ensemble.

« Alan avait appris à être prudent sur le plan financier mais avait uniquement appliqué ces connaissances à sa propre situation ou à celle de ses amis et de sa famille. Au début, le fait de travailler avec moi en tant que conseiller financier était pour lui un peu ardu et le défi ambitieux. Dans le même ordre d'idées, malgré mes années devant les caméras, je n'avais jamais travaillé à la réalisation et j'étais anxieux d'apprendre les techniques appropriées. Plus important encore, ni l'un ni l'autre n'a mis en question nos capacités de travailler dans ces nouveaux domaines, nous avons simplement décidé de faire tout notre possible en termes de formation personnelle pour réaliser les projets choisis. Bien qu'aucun de nous n'eût anticipé ces domaines de croissance, nous étions en mesure de reconnaître une occasion en or lorsqu'elle se présentait. Chacun de nous avait eu l'occasion de collaborer avec des spécialistes et d'apprendre de ces experts.

« Malheureusement, bon nombre de personnes ne reconnaissent pas les occasions ou prétendent qu'elles ne peuvent réussir dans des domaines inconnus. Cette hypothèse peut s'avérer fatale et, peut jouer de vilains tours. La seule prétention des millionnaires est qu'ils peuvent réussir pratiquement n'importe quoi s'ils en ont le goût et l'énergie.

« Les risques que des personnes comme nous prennent à réaliser des émissions de télévision ou à écrire des livres, créent des emplois pour les équipes de cameramen, les photographes, les éditeurs, les propriétaires de studios, les régisseurs de plateau, les imprimeurs et bien d'autres. Le fait que nous puissions profiter de certains avantages d'impôts non applicables aux salariés représente un des avantages qui découle de ces risques. Nous travaillons tous deux de la maison et déduisons une partie des dépenses des ménages de nos impôts. Les factures de téléphone générées dans le contexte de l'entreprise sont entièrement déductibles, tout comme l'achat d'ordinateurs et d'autres articles de bureau. Comme nous vivons dans des villes différentes, les coûts relatifs à nos déplacements aux fins de rencontres sont aussi déductibles.

« Un autre élément important relève du fait que nous avons accepté de travailler (ensemble ou individuellement) uniquement sur des projets qui nous tiennent à cœur et que nous estimons amusants. Nous croyons que les deux choses les plus importantes liées à l'argent sont l'indépendance et la liberté. En outre, nous avons refusé plusieurs projets susceptibles d'être rentables. Notre objectif personnel n'est pas d'avoir plus d'argent que les autres, mais plutôt de jouir du temps que nous avons. Toutes nos activités ne sont pas axées principalement sur la rentabilité. Par exemple, le projet visant à accroître l'estime de soi chez les adolescents est fondé sur un modèle économique. Les commanditaires jouissent non seulement d'une sensibilisation auprès de la communauté, mais aussi de la stimulation des ventes. Ces projets sont aussi rentables pour nous, mais dans ce cas-là, les principaux bénéficiaires sont les jeunes. Nous avons décidé de procéder de cette façon parce que nous croyons que de telles initiatives sont indispensables aujourd'hui.

« Lorsque nous avons décidé de mettre en marche le présent projet de recherche et d'expérience, nous avons aussi convenu qu'il faudrait quelques semaines sans les distractions habituelles de la vie familiale telles que les appels téléphoniques, les messages par télécopieur et les courriels qui exigent constamment notre attention. Ainsi, nous avons planifié de passer quelque temps dans un luxueux centre de villégiature des Caraïbes et de se mettre à l'œuvre. Assis au bord de la piscine pendant un moment de « pause » alors que nous examinions les attitudes des autres vacanciers, nous nous sommes rappelés combien nous apprécions notre travail. Il est vrai que, comme 90 % de notre temps est consacré au travail, les frais de voyage, que nous avions troqués, auraient été déductibles d'impôts.

« Plusieurs années passées, nous avons indépendamment décidé de s'enrichir. Avons-nous chacun des habiletés exceptionnelles ? Oui. Sont-elles des habiletés qu'aucune autre personne ne peut développer et utiliser aux fins de son propre succès ? Non. »

> Les occasions d'affaires sont assez nombreuses pour créer un monde rempli de millionnaires. [Traduction]
>
> – J. Paul Getty

Utilisez l'outil d'autoévaluation simple qui suit :

Indicateur d'un entrepreneur

Directives : Encerclez le chiffre qui indique à quel point l'énoncé est vrai dans votre cas (une cote de un représente jamais vrai, tandis qu'une cote de cinq représente toujours vrai).

Première partie : Énoncés caractéristiques d'un entrepreneur

Je crois que ce qui compte c'est de prendre des risques raisonnables.	1 2 3 4 5
Je tente toujours d'être le meilleur, le plus rapide et le premier, peu importe ce que je fais.	1 2 3 4 5
Je veux tellement réussir que cela domine toutes mes pensées quotidiennes.	1 2 3 4 5
Je crois que pour moi, l'échec n'est pas possible.	1 2 3 4 5
Je redouble d'efforts pour contrer les bonds arrières.	1 2 3 4 5
Je me concentre tellement sur mes projets qu'il m'arrive souvent d'oublier tout le reste.	1 2 3 4 5
Je suis une personne très énergique du matin jusqu'au soir.	1 2 3 4 5
Je crois réussir, peu importe les obstacles.	1 2 3 4 5

Je réagis bien lors de situations d'urgence ou tendues. 1 2 3 4 5
Je peux stabiliser une situation en diversifiant
    les risques.   1 2 3 4 5
Les autres me perçoivent comme une personne
    courageuse, ambitieuse, énergique et optimiste.   1 2 3 4 5

Interprétation : Un score combiné de 40 ou plus démontre que vous avez l'attitude d'un bon entrepreneur qui vous sera utile si vous optez pour le chemin de l'entreprenariat. Si votre score est inférieur à 40, continuez la lecture du chapitre et répétez l'exercice. Certaines anecdotes vous animeront peut-être. Si, encore, votre score est inférieur à 40, concentrez-vous sur les stratégies à la section B du présent livre car vous serez plus à l'aise de cette façon.

Deuxième partie : Une liste partielle des habiletés d'un entrepreneur
En tant que propriétaire d'entreprise éventuel, vous devriez avoir une connaissance fondamentale des divers éléments de l'exploitation d'une entreprise réussie. Effectuez l'exercice d'autoévaluation suivant afin de mesurer vos habiletés d'entrepreneur. Une fois la grille remplie, servez-vous des points auxquels vous avez répondu « non » ou « incertain » pour entamer un processus visant à perfectionner vos habiletés.

Habileté d'entrepreneur	Oui	Non	Incertain	Domaine à améliorer
Achats	____	____	____	____
Contrôle de l'inventaire	____	____	____	____
Programmation	____	____	____	____
Contrôle de la qualité	____	____	____	____
Gestion de la croissance	____	____	____	____
Résolution de problèmes	____	____	____	____
Prise de décisions	____	____	____	____
Direction/motivation des personnes	____	____	____	____
Utilisation des ordinateurs	____	____	____	____
Tenue de livres/ comptabilité	____	____	____	____
Budget/ gestion du flux de trésorerie	____	____	____	____

Contôle des coûts	___	___	___	
Crédit et recouvrement	___	___	___	___
Relations avec la banque/ les créditeurs/ les investisseurs	___	___	___	___
Recherche et planification en matière de marketing	___	___	___	___
Service à la clientèle/vente	___	___	___	___
Annonces/publicité/ promotion	___	___	___	___
Sélection et formation du personnel	___	___	___	___

Avez-vous besoin d'études universitaires ou d'années de formation spécialisées pour démarrer votre entreprise ? Absolument pas. Vous avez peut-être déjà toutes les connaissances nécessaires. La première étape comprend une autoévaluation. Nous allons vous guider tout au long d'une épreuve des plus simples.

Inscrivez trois réponses à chaque question.
1. Pour quel genre d'emploi avez-vous été formé ?
2. Quel travail pourriez-vous effectuer si vous aviez un peu plus de formation ?
3. Quel travail pourriez-vous effectuer si vous en étiez obligé (si une personne était malade et que vous étiez la seule pour la remplacer) ?
4. Quels sont les emplois auxquels vous rêvez (oubliez la formation et les qualifications requises, qu'est-ce que vous aimeriez vraiment faire) ?
5. Quels sont vos intérêts, vos passe-temps ou vos activités de loisir ? Par exemple, les voyages, la collection d'antiquités, la cuisine, le magasinage, l'organisation d'activités ou naviguer dans Internet.
6. Quels sont les sujets avec lesquels vous vous sentez à l'aise lors de discussions (construction, sports, musique, vin, etc.) ?

L'étude de ces réponses vous permettra de brosser une image assez juste du travail que vous êtes apte à (ou que vous pourriez) effectuer. Demandez-vous maintenant :
1. Pouvez-vous imaginer votre propre entreprise dans un des domaines que nous venons d'identifier ?

2. Y a-t-il une demande pour ce genre d'emploi ?
3. Quelles sont les ressources financières ou autres ressources nécessaires au démarrage d'une telle entreprise ? (Nous examinerons plus à fond ce dont vous avez besoin pour démarrer une entreprise, un peu plus loin dans le présent chapitre).
4. Cela comprend-il un mode de vie quotidien avec lequel vous êtes à l'aise ? Par exemple, il sera bien difficile pour une personne qui n'est pas très sociable de nature de se présenter à des étrangers tous les jours pour vendre son entreprise. Le contraire est aussi vrai. Une personne qui aime rencontrer des gens et travailler avec eux détestera le fait de travailler seule à la maison.
5. Est-ce réaliste ?

UTILISER VOS TALENTS ET VOS RESSOURCES EXISTANTES POUR CHANGER VOTRE VIE

Rosa, un mère monoparentale de deux jeunes enfants, était déprimée et au bout de son rouleau. L'allocation familiale que lui versait le gouvernement lui permettait à peine de survivre et son plafond financier allait s'écrouler. Son plus jeune enfant était bien malade et avait nécessité de nombreux traitements coûteux. (Heureusement, l'enfant s'est finalement remis de sa maladie). Malheureusement, les dettes de Rosa et ses dépenses quotidiennes devenaient insupportables. Cependant, cela n'avait pas toujours été le cas, car six mois auparavant Rosa travaillait comme couturière de fabrication à la chaîne jusqu'à sa mise à pied en raison de la fermeture de l'usine.

Depuis la mise à pied, Rosa avait cherché un emploi avec enthousiasme, mais son expérience de travail limitée et son faible niveau de scolarité lui permettait seulement d'obtenir des emplois au salaire minimum. Rosa aurait bien accepté n'importe quel emploi pour retomber sur ses pieds, mais un emploi à salaire minimum ne couvrirait pas les frais de garde d'enfants, les factures et la dette médicale. De plus, Rosa n'avait aucune famille pour lui venir en aide.

Après avoir visionné notre émission sur l'estime de soi à la télévision, elle a décidé que son passé n'allait pas égaler son avenir. Elle s'est immédiatement mise à écrire ses divers actifs sur papier. Après avoir analysé sa situation actuelle d'une autre perspective, elle a décidé de communiquer avec l'université locale afin de vérifier si un étudiant serait intéressé de garder les enfants à temps partiel en échange d'hébergement. Le logement de trois chambres à coucher que louait Rosa était un de ses actifs. Les enfants pourraient partager une chambre, ce qui laisserait une chambre libre. Après avoir rencontré bon nombre d'étudiants intéressés, elle a finalement choisi une étudiante de deuxième année en éducation des jeunes enfants, qui a saisi l'occasion de réduire ses coûts.

Rosa était maintenant libre de chercher un emploi. Elle a trouvé un emploi à temps partiel comme couturière dans un grand magasin. Le salaire était un peu plus élevé que le salaire minimum et elle n'avait pas de frais de garde d'enfants. Rosa a rapidement appris à mesurer les nouveaux vêtements et à apporter les retouches à la suite de l'achat. Après plusieurs mois, Rosa a eu l'idée d'approcher des boutiques qui n'offraient pas le service de retouche. Elle montrait aux employés des boutiques comment mesurer les vêtements, et à la fin de la journée passait prendre les vêtements afin d'apporter les retouches sur sa propre machine à coudre, puis les rapportait deux jours ouvrables plus tard. En seulement quelques mois, l'entreprise florissait et les gens demandaient à Rosa d'effectuer aussi des travaux de réparation.

À un moment donné, Rosa, qui ne pouvait plus tenir le coup en raison de la charge de travail, en a donné à contrat à ses anciennes coéquipières qui étaient heureuses d'avoir l'occasion de travailler pour elle à temps partiel et de manière fragmentée. Elle a ensuite approché le séquestre responsable de l'usine qui avait fermé ses portes, qui lui a gaiement vendu cinq machines à coudre industrielles à un prix incroyablement bas. Rosa a ensuite loué les machines aux autres femmes sur une base mensuelle, ce qui lui a permis de payer ses dettes. En peu de temps, Rosa avait plus que triplé son salaire mensuel antérieur, et de plus avait réduit ses impôts en raison des dépenses liées à l'entreprise. Elle avait aussi amélioré la vie de cinq de ses amies. Un soir, l'étudiante qui vivait chez Rosa se lamentait de la piètre qualité de son sac à dos d'étudiante, disant qu'elle rêvait d'une conception plus robuste et plus abordable capable de supporter le poids de ses livres de troisième année. Encore une fois, Rosa saisit l'occasion. En collaboration avec l'étudiante, elle a conçu plusieurs sacs à dos à partir de pièces de denim qui traînaient. Le sac à dos qui en a résulté était durable, en vogue et très bon marché à produire. Les sacs à dos se sont bien vendus à la librairie de l'université et dans plusieurs points de vente qui ciblaient le marché étudiant. Rosa n'a pas fait fortune ou pris sa retraite en raison des revenus nets de la vente de sacs à dos, mais ils lui ont permis de régler une situation qui lui semblait désespérée, de lui redonner un sentiment d'estime de soi et de payer sa dette médicale en moins de quatre mois !

> Donnez-moi un commis aux stocks qui a un objectif et je vous donnerai un homme qui marquera l'histoire. Donnez-moi un homme sans objectif et je vous donnerai un commis aux stocks.
>
> – J. C. Penny

Comme nous l'avons mentionné plus tôt dans ce livre, il est malheureux que les deux tiers des personnes âgées sont incapables de vivre un mode de vie indépendant au moment de leur retraite. Voici un exemple d'un couple retraité qui ont décidé de changer leur vie financière. La situation d'Alex et de Mira était telle car Alex avait souvent changé d'emploi au cours de ses années de travail, ce qui l'a empêché de bâtir un régime de prévoyance de personnel. De plus, le couple n'avait pas prévu un bon coussin de retraite. Alex avait pris sa retraite à 65 ans et deux mois plus tard avait commencé à recevoir du gouvernement sa pension de sécurité de la vieillesse. Deux ans plus tard, son épouse fêtait 65 ans et était aussi admissible à la retraite. Environ cinq ans plus tard, ils ont constaté qu'à leur rythme de vie, ils allaient facilement vivre plus longtemps que leurs économies décroissantes. Ils étaient constamment harcelés par des annonces affichant une retraite ensoleillée et confortable. Comme leur faible rente mensuelle n'arrivait pas à couvrir le coût de la vie fondamental, Alex devait travailler au poste de nuit comme gardien de sécurité dans un entrepôt. D'après sa description, l'emploi était d' « une monotonie paralysante, où l'on gèle à l'hiver et l'on cuit à l'été ». Son salaire mensuel après impôts était de 1 000 $. Alex et son épouse se sont retournés vers nous et nous ont demandé : « Quand l'or fera-t-il partie de l'âge d'or ? ».

Le seul actif réel que possédait le couple était leur maison, situé sur un terrain double d'une valeur d'environ 200 000 $ dans un milieu modeste de cols bleus. Bien qu'ils aient l'équité de la maison, ils ne voulaient pas déménager dans un logement locatif.

Ils avaient travaillé dur pendant 30 ans pour payer leur hypothèque et l'idée d'être propriétaire d'un immeuble leur tenait à cœur. Nous leur avons suggéré diverses solutions, et une de nos suggestions a semblé leur plaire. En effet, nous leur avons suggéré de vendre leur propriété et plutôt que de vivre du principal, de l'utiliser pour acheter une plus grande maison avec un plus petit terrain, le motif de cette proposition étant qu'un plus petit terrain exigerait moins d'entretien et que les impôts fonciers étaient, en grande partie, basés sur le nombre de pieds carrés du terrain. Ainsi, ils économiseraient plusieurs centaines de dollars en impôts fonciers à chaque année. Nous leur avons aussi suggéré d'acheter une maison assez grande pour la subdiviser facilement en quatre unités et située dans un endroit où le zonage le permettrait.

Après avoir effectué une recherche du marché, ils ont trouvé la maison appropriée et ont fait une offre de 165 000 $ (conditionnelle à la vente de leur maison). Leur maison a été vendue six semaines plus tard, ce qui leur a donné un bénéfice net de 192 500 $ après avoir payé les honoraires d'avocats et immobiliers. Ils ont embauché un ami entrepreneur qui a effectué les travaux nécessaires pour convertir la maison à logement unique en quatre unités de logement. La maison qu'ils ont achetée ayant été facile à convertir et le prix de leur ami ayant été très avantageux, le coût total des rénovations a été de seulement 35 000 $. Par conséquent, ils étaient maintenant propriétaires d'un immeuble à quatre logements au coût net de 7 500 $ (sur leur ligne de crédit à un taux d'intérêt de 6,5 %). Ils ont occupé le logis à l'étage et ont loué deux logis à 600 $ par mois chacun. Le quatrième logis était un studio au troisième étage. Bien qu'ils aient pu obtenir 400 $ par mois pour ce logis, ils ont opté de le louer à un jeune homme célibataire, responsable et habile pour 200 $ s'il acceptait d'effectuer les réparations au besoin. En outre, ils ont réussi à payer la ligne de crédit de 7 500 $ en six mois, Alex a quitté son emploi, ils avaient moins d'entretien à l'extérieur et à l'intérieur, un actif important, en plus d'une source de revenus supplémentaire de 1 400 $ par mois !

Les anecdotes de Rosa, Alex et Mira illustrent comment des personnes qui sont aux abois (à leur avis) réussissent à tout changer avec un peu de créativité. Ils ne sont pas retournés aux études pendant des années, ni ont-ils gagné à la loterie. Ils ont tout simplement utilisé leurs actifs existants de manière plus efficace. Ils ne sont pas devenus extrêmement riches mais ils sont maintenant beaucoup plus heureux et commencent à penser comme des entrepreneurs. Qui sait combien importante sera leur croissance ?

> Quiconque a déjà pris une douche a pensé à démarrer une entreprise. C'est la personne qui sort de la douche, se sèche et passe à l'action qui fait la différence.
> [Traduction]
>
> – Nolan Bushell, fondateur de Atari

FACILITER SA VIE ET REMPORTER DES MILLIONS

Avez-vous déjà désiré une invention qui vous aiderait dans votre quotidien ?

Examinons l'histoire de Bette Nesmith Graham. À 17 ans, Bette a accepté un emploi comme dactylo dans une certaine entreprise. Dans les années 1950, avant la venue des ordinateurs, les lettres étaient tapées une page à la fois, et si une erreur se glissait, vous deviez refaire tout le document. Au moment où l'utilisation des machines à écrire électriques était répandue, la correction des erreurs au moyen d'un crayon à gomme occasionnait de vulgaires taches et le document devait ultérieurement être retapé.

Une journée Bette observait un peintre qui corrigeait des taches et des brèches en les recouvrant de peinture. Inspirée, elle a pris de la peinture à base d'eau et a tenté de couvrir ses erreurs de frappe une fois au bureau, et ce fut une réussite. La solution de Bette était tellement courue qu'en 1956, elle préparait des mélanges de ce qu'elle appelait « Mistake Out » dans sa cuisine. Ayant reconnu le besoin, elle demanda un brevet et renomma sa solution « Liquid Paper ».

De toute évidence, il y avait plusieurs autres dactylos sujettes à commettre des erreurs car en 1979, la société qu'elle a fondée vendait 25 millions de bouteilles annuellement partout au monde et avait créé 200 emplois. La même année, satisfaite de ses réalisations, elle a vendu son entreprise à la société Gillette Corporation pour 47,5 millions de dollars. Pas si mal pour une pauvre dactylo.

L'on est jamais trop jeune pour réussir

Kelly Reinhart n'avait que six ans lorsque sa mère lui demanda ainsi qu'à ses frères et sœurs de dessiner, juste pour s'amuser, quelque chose qui serait utile comme nouveau produit. Kelly avait vu des émissions mettant en vedette des cowboys qui portaient leurs fusils dans des étuis. Ainsi, elle a dessiné un étui propice aux jeux vidéos et aux cartouches qui se porte sur la cuisse. Ses parents croyaient que l'idée était excellente et lui ont aidée à en fabriquer un. Lorsque Kelly a porté son étui à l'école le lendemain, elle a fait l'envie de tous ses amis qui lui en ont tous demandé un. Pensant plus loin, Kelly a incorporé les commentaires de ses amis et leur rétroaction dans son concept afin d'en faire un prototype que ses parents ont ensuite produit avec l'aide d'un associé. Après avoir fourni les amis à l'école, les Reinhart ont tenté leur chance au marché aux puces local et ont rapidement vendu les 100 sacs qu'ils avaient apportés. La prochaine étape s'agissait des foires commerciales à Atlantic City et à Las Vegas. La recherche leur a permis de découvrir que le gouvernement de leur état offrait un programme de référence gratuit visant à jumeler les entrepreneurs aux experts appropriés en matière de finances et de marketing.

Alors que ses parents élaboraient la logistique du marketing et de la distribution, Kelly a approché les services militaires des États-Unis par l'entremise de son député au Congrès. Par suite d'une rencontre avec le secrétaire de la défense des États-Unis et divers experts au Pentagon, l'idée de Kelly a été adaptée aux besoins des militaires et ils songent à lui offrir un contrat de recherche et de développement.

Insatiable, Kelly a mis sur pied une fondation pour les enfants qui désirent poursuivre leurs rêves, et a écrit un livre intitulé : *This Little Pack Goes to Market*, afin d'aider les enfants à comprendre que « chaque idée est une bonne idée ».

« Je conseille les autres enfants d'avertir leurs parents ou d'autres adultes de leur idée « a énoncé Kelly. » Si l'adulte ne réagit pas, mettez votre idée dans un fichier pour plus tard, jusqu'à ce que vous (l'enfant) soyez assez vieux pour la ressortir et savoir qui approcher ».

La prochaine étape à l'horaire pour Kelly est de devenir membre du sénat « afin que je puisse aider les gens et les renseigner sur le processus de l'entreprenariat et améliorer les méthodes de financement qui donnent lieu à la réalisation des rêves ». Kelly est, de toute évidence, une enfant exceptionnelle. Mais, les enfants ne sont-ils pas tous exceptionnels ? Inscrivez votre enfant sur la feuille de paye en tant qu'incubateur d'idées et préparez-vous à prendre votre retraite !

CONVERTIR SES PASSE-TEMPS EN FORTUNE

Retournons à l'outil d'autoévaluation et examinons vos intérêts et vos passions (questions quatre à six). Posez-vous les questions suivantes :

1. Existe-t-il un marché pour ce qui vous intéresse le plus ? Supposons par exemple que vous êtes amateur de vin et que vous en connaissez quelque chose. Pourriez-vous écrire un bulletin ou une chronique pour un journal ou une revue (conseil : commencez petit, possiblement dans un journal communautaire ; ne vous préoccupez pas de la rémunération au début, cela vous servira de pratique, vous donnera une bonne exposition et vous préparera à un poste rémunéré) ou commencer à importer d'autres pays et vendre aux restaurants et aux magasins de boisson ? Ou, si vous aimez le ski, voyagez et organisez des activités, vous voudrez peut-être créer et

vendre des voyages de groupes ; ou si la photographie vous intéresse et que vous aimez rencontrer les gens et travailler avec eux, un service de bande-vidéo est peut-être approprié.

2. Pouvez-vous mettre sur pied une entreprise à temps partiel à partir de la maison et l'exploiter, du moins au début, après le travail et en fin de semaine ?

Le présent exercice vise à identifier vos forces et vos intérêts et à déterminer si l'un ou l'autre est susceptible de devenir une deuxième ou troisième source de revenus.

Satisfaire un besoin, que ce soit en renseignant les gens sur un bon vin ou en fabriquant un produit que les gens demandent ou croient utile, même à temps partiel, peut immédiatement améliorer votre position financière. Si vous travaillez à partir de la maison tout en ayant un emploi extérieur, vous aurez la sécurité de votre salaire alors que vous vérifiez si votre idée peut survivre sur le marché. Si tel est le cas, vous pourrez, le temps venu, laisser votre emploi et consacrer tout votre temps à votre idée. Si votre idée ne répond pas à vos attentes, vous avez toujours votre emploi et votre salaire, vous aurez acquis une précieuse expérience sur la mise sur pied et l'exploitation d'une entreprise et plus important encore, pour la période où votre entreprise est exploitée, vous pourrez jouir d'une réduction d'impôts pour une partie de vos frais de subsistance.

Nous vous guiderons dans les épreuves de réalité relatives à vos idées sous peu, mais d'abord, voici quelques exemples.

Robert est un mécanicien compétent qui répare des voitures importées. Il est bon travaillant, habile avec ses mains, créatif et aime aussi travailler le bois. Vivant dans une petite maison avec deux enfants, les vêtements traînaient partout, surtout l'hiver. Il s'est donc dirigé vers son atelier au garage et a construit une jolie tablette avec une série de chevilles en dessous servant à accrocher les manteaux. Installée à l'entrée, le problème des manteaux et des chandails sur le plancher était réglé, et la tablette offrait un endroit où mettre les gants et les chapeaux. Tous les visiteurs admiraient le concept utilitaire et la qualité d'exécution et lui demandaient de leur en faire une.

Naturellement, cela l'a incité à réfléchir à d'autres articles qu'il pourrait fabriquer pour la maison et que les gens seraient intéressés d'acheter. Son épouse l'épaulait et alors qu'il sciait du bois, elle recherchait de nouveaux marchés. Bientôt, ils participaient aux activités et aux foires communautaires, louant des stands pour exposer leurs articles. Bien qu'ils aient apprécié l'expérience, cela n'était pas très rentable. Les prix des articles étaient plafonnés et ils ne voulaient pas retourner à la maison avec tout leur bagage. De plus, lorsqu'ils prenaient en compte le coût du matériel, le temps de fabrication et le temps consacré au marketing, il n'en restait pas assez pour justifier les efforts. Il aurait pu vendre ses articles à un distributeur, mais encore là, le temps requis pour la fabrication par rapport au prix de gros n'en valait pas la peine. Toutefois, en raison des ventes effectuées lors des foires communautaires, il a reçu bon nombre de demandes pour des travaux de menuiserie spécialisés. Maintenant, par l'entremise du bouche à oreille, Robert construit tout, allant des armoires aux terrasses arrière, ce qui lui permet de bien vivre tout en pratiquant un métier qu'il adore. Il peut aussi déduire une partie des dépenses de sa maison, de son camion, son téléphone et son nouvel ordinateur, pour n'en nommer que quelques-uns. (Voir le Scénario-maquette d'un système d'action à la page 197).

Lors d'un voyage récent en Suède, nous avons rencontré une dame d'Angleterre dont l'histoire comprend certainement des éléments inspirateurs. Diane travaillait dans un bureau jusqu'à ce qu'elle soit victime d'un terrible accident alors qu'elle prenait des vacances en Australie. Après trois mois dans le coma, les médecins l'ont finalement rétablie. Elle a perdu toute utilité de son bras droit et sa mémoire avait été gravement endommagée. Victime d'un tel traumatisme, plusieurs personnes auraient abandonné. Diane a vu les choses autrement. Elle s'est inscrite dans un collège australien et a réappris à parler anglais, bien qu'avec un solide accent australien. Lors de son retour en Angleterre, elle a décidé d'étudier les ordinateurs, et est devenue tellement compétente dans le domaine qu'on l'a embauchée comme institutrice. Cependant, un des défis qu'elle a du surmonter était son incapacité de presser sur les clés avec sa main gauche alors qu'elle tenait la souris de la main droite. Elle a réglé ce problème en concevant un genre de crayon géant qu'elle tient et manie entre ses dents. Après bien des heures d'exercice, elle utilise l'ordinateur beaucoup plus efficacement que nous.

L'hôpital de réadaptation dans lequel elle a fait sa convalescence lui a appris à utiliser des aides techniques à l'adaptation lui permettant de couper du pain et de trancher des légumes avec une seule main. À partir de cet exemple, elle a elle-même créé plusieurs aides techniques qui, par exemple, lui permettent de facilement remporter des parties de billards avec des conseillers invités. Elle a construit certains de ces aides techniques elle-même tandis qu'elle en a fait construire d'autres et elle les vend dans les hôpitaux de réadaptation locaux.

La méthode ABC de faire de l'argent
Scénario-maquette d'un système d'action

Date : _____

Chef du projet : _____

Idée de sources de revenus multiples :
Convertir mon passe-temps à travaille le bois en une SRM rentable.

Produits de bois	Services	Clients	Inventaire	Outils et matériel	Mise sur pied de l'entreprise	Ventes/ Marketing	Enjeux financiers	Réseau commercial
Jouets de bois	Réparations	Famille/amis	Fournitures nécessaires Fournisseurs possibles	Établi	Déterminer la structure de l'entreprise	Références professionnelles p. ex., agent immobilier	Établir les termes des procédures de vente	Atelier/ parterre avant
Meubles : tablettes, tables, bibliothèques	Commandes spéciales	Voisins/ communauté	Comparer les fournisseurs	Tablettes	Inscription entreprise/ nom d'entreprise	Affichage	Analyse de rentabilité	Magasins de détail
Terrasses	Entrepreneur	Clients qui achètent au détail	Négocier les comptes/ conditions	Pièces de bois	Rencontre le banquier Compte courant	Témoignages des clients	Analyse du bénéfice	Stands dans les foires et les marchés
Accessoires : Portemanteau Planche à couper	Enseigner la menuiserie	Acheteurs en direct	Commander fournitures initiales	Véhicule commercial	Système de tenue de livres	Bouche à oreille	Analyse du flux de trésorerie	Catalogue
Support à épices		Clients par correspondance	Créer un système de contrôle de l'inventaire	Outils électriques sableuse, perceuse, scie circulaire	Obtenir un numéro de taxe	Brochure, catalogue et emballage	Options de financement pour croître	Internet
Remise		Grossistes distributeurs	Location d'un entrepôt/ espace de rangement	Outils à main marteau, hache, ciseaux	Choisir lieu de l'atelier	Entête pour carte professionnelle	Établir les prix	Entrepreneur/ courtier
Clôtures			Réception fournitures		Rédiger le plan d'affaires	Publicité sur le véhicule		Grossiste
					Obtenir la papeterie	Portfolio des travaux antérieurs		Prix et conditions d'expédition
					Choisir conseillers mentor/ami/ conseiller	Contrat d'autorisation		
					Capital de départ	Représentant commercial (conjointe ?)		

Diane gagne bien sa vie en enseignant les techniques de l'ordinateur. Elle pourrait procéder à la mise en marché de ses aides techniques partout au monde, toutefois, son but n'est pas de faire des millions de dollars. L'expérience de son accident quasi mortel lui a appris à profiter de chaque instant de sa vie. Elle est heureuse de partager ses aides techniques avec ceux qui en ont besoin. Les revenus supplémentaires lui permettent de jouir de vacances au soleil et d'acheter une nouvelle motocyclette spécialement conçue pour lui aider à parcourir le monde.

Voici trois exemples de personnes qui ont créé une SRM tout en ayant un emploi régulier : un comptable, un concierge et une serveuse. Aucun d'eux n'a encore réussi à faire des millions de dollars. Ils ont, par contre, changé leurs niveaux de confort. En raison des revenus supplémentaires, ils peuvent déduire une partie de leurs frais de subsistance, ce qui a un effet positif sur la déclaration de revenus. De même, l'argent leur permet de mettre sur pied des plans d'épargne à long terme et de jouir d'un mode de vie plus luxueux.

Le comptable est employé du gouvernement, ce qui représente sa principale source de revenus. De plus :

- il calcule des déclarations de revenus privées dans ses temps libres ;
- il offre des services de tenue de livres à trois propriétaires uniques ;
- il enseigne un cours de 10 heures sur la gestion financière à l'intention des non financiers à un collège communautaire ;
- il élabore présentement un modèle financier sur CD-ROM à l'intention des petites entreprises, qui sera vendu dans Internet.

Le concierge travaille dans une école primaire. De plus :

- il offre à temps partiel des services d'entretien général à ses clients ;
- il agit en tant que courtier pour d'autres personnes qui offrent des services d'entretien dans les maisons et les bureaux ;
- il rédige présentement un livre sur « les conseils pratiques d'entretien pour la maison » qui sera vendu dans les salons d'artisanat et, ultérieurement, par le biais d'une maison d'édition traditionnelle ;
- il est en train de breveter un appareil de nettoyage qu'il a découvert par accident à même son travail.

La serveuse travaille dans un restaurant. De plus :

- elle exploite un service traiteur avec une amie ;
- elle a développé une relation avec les fournisseurs du restaurant et travaille à temps partiel comme représentante et vendeuse de ces produits ;
- elle est planificatrice d'activités sociales à temps partiel (mariages, fêtes de Noël et diverses activités sociales) ;
- elle travaille avec les fournisseurs de boissons alcoolisées lors de démonstrations de boissons nouvelles ;
- elle a utilisé ses habiletés d'analyse pour évaluer les points forts et les points faibles de restaurants et de bars, et elle vend ses habiletés en tant que conseillère en accueil.

OCCASIONS D'AFFAIRES RENTABLES

Voici une liste de diverses occasions d'affaires qui méritent votre attention au moment de vous lancer à la recherche de votre entreprise idéale.

Occasions auprès d'entreprises existantes :
- acheter une entreprise existante ;
- acheter une franchise ;
- franchiser votre entreprise ;
- identifier de nouvelles possibilités à partir de votre entreprise actuelle ;
- imiter des produits réussis ou des idées d'affaires.

Occasions de fabrication :

- fabriquer en vertu d'une licence ;
- remettre en état des pièces fabriquées ;
- assembler des produits.

Occasions d'invention et d'innovation :
- inventer un nouveau produit ;
- découvrir une occasion de brevet ;
- combiner deux actifs ou plus pour en former un nouveau ;
- échanger les idées d'une industrie à l'autre ;
- substituer les matériaux dans les produits existants ;
- ajouter de la valeur aux produits existants ;
- trouver une utilité pour les déchets ;
- faire appel aux ressources de personnes sous utilisées ;
- lancer une entreprise Internet.

Occasions de fournitures spécialisées :
- identifier les lacunes du marché ou les pénuries et les combler ;
- devenir fournisseur pour un autre fabricant ;
- répondre aux marchés oubliés ;
- identifier des groupes de clients uniques et personnaliser des produits pour eux ;
- offrir un service de consultation ou d'information.

Occasions de marketing et de distribution :

- mettre en marché le produit d'un autre ;
- devenir distributeur du produit ou du service d'un autre ;
- exporter des produits locaux vers de nouveaux marchés.

Occasions liées aux tendances et aux activités :
- prendre avantage d'un changement de marché ;
- capitaliser sur une tendance de croissance ;
- prendre avantage d'une mode ou d'une passade ;
- capitaliser sur une situation ou une circonstance.

Les sites Web des entrepreneurs

www.inc.com
www.fastcompany.com
www.entrepreneur.com
www.forbes.com
www.fortune.com
www.redherring.com
www.fsb.com
www.allbusiness.com
www.about.com
www.onesource.com
www.industrylink.com
www.dnb.com/resources/menu.htm

Les sept sources de nouvelles idées d'affaires

1. L'expérience antérieure
2. Les associés d'affaires
3. La connaissance d'une entreprise semblable
4. Les amis ou la famille
5. Les passe-temps
6. La recherche de marché
7. L'heureux hasard

Les 15 points qui vous aideront à reconnaître les sources de revenus multiples (SRM) les plus rentables

Les entrepreneurs éventuels nous demandent constamment de les guider dans la sélection des meilleures occasions d'affaires. Ayant toute une panoplie à notre disposition, nous avons élaboré 15 points à prendre en considération lors de l'évaluation d'une idée d'affaires aux fins de SRM rentable. La présente liste de points doit servir de guide seulement. En règle générale, plus nombreux sont les points auxquels répond votre idée de SRM, plus elle risque dé réussir.

Idéalement, votre source de revenus multiples rentable devrait :

1. Se vendre au peuple.
2. Répondre à un besoin fondamental pour plusieurs personnes.
3. Être à faible risque.
4. Fournir l'occasion d'un revenu passif continu.
5. Exiger un nombre minimal de personnel.
6. Répondre à une demande stable à long terme.
7. Encourir de faibles coûts indirects.
8. Encourir de faibles frais de démarrage.
9. Avoir une qualité unique, la rendant difficile à imiter par les compétiteurs.
10. Faire preuve d'un flux de trésorerie positif et de faibles coûts d'inventaire.
11. Faire preuve d'un ratio de marge bénéficiaire et d'un taux de rendement élevés.
12. Faire l'objet d'une réglementation gouvernementale minimale.
13. Être transférable.
14. Être amusante et satisfaisante tout en posant un défi pour le propriétaire.
15. Fournir l'occasion de découvrir d'autres SRM rentables.

Après avoir étudié et analysé des milliers de possibilités d'entreprise partout au monde, à notre avis, la société Primerica Financial Services répond à nos 15 critères. La société Primerica est une filiale de Citigroup, un des 30 indices Dow Jones des actions industrielles qui affiche des actifs d'une valeur de plus d'un billion de dollars. La société Citigroup est classée première parmi les Forbes World Super 50.

La société Primerica compte actuellement 110 000 représentants en Amérique du Nord et est en plein essor à l'échelle internationale. Dès ses débuts, la société avait comme philosophie d'apprendre à ses clients l'importance d'acheter une assurance temporaire moins dispendieuse – comme nous vous l'avons recommandé plus tôt dans le présent livre – et d'investir l'argent épargné. Leur mission – encore, bien semblable à la nôtre – est « d'aider les familles à être libres de dettes et indépendantes financièrement ». Nous avons d'abord remarqué la société Primerica en raison de leur mission et de leurs valeurs fondamentales sur le plan des affaires, qui miroitent les nôtres à la lumière du principe selon lequel » l'on économise d'abord, puis l'on investit les économies ». Cette société marque aussi des points lorsqu'il s'agit de mettre sur pied l'entreprise idéale. Pendant 25 ans, elle a été un chef de file, créant pour les personnes motivées des occasions d'affaires à faibles coûts de démarrage (200 $), à faibles coûts indirects et à risque de croissance élevé, stable et à long terme.

Si vous avez besoin davantage d'aide à choisir une direction appropriée, voici une liste de quelques-unes des entreprises les plus fréquentes dont les propriétaires sont des millionnaires, fils de leurs œuvres.

Professionnelles
Comptable
Avocat ou procureur
Comptable
Conférencier professionnel
Conseiller
Courtier en valeurs
Dentiste ou orthodontiste
Détenteur de brevet ou inventeur
Évaluateur
Ingénieur ou architecte
Médecin
Pharmacien

Détail
Antiquaire
Blanchisserie
Marchand de monnaie
    ou de timbres
Marchand de vêtements

Secteurs de service
Agence d'assurance
Agence de placement
Agence de représentants
    de commerce
Agence publicitaire
Centre de soins de santé
Constructeur
Distributeur alimentaire
Entrepreneur en construction
Entreprise de services
    de conciergerie
Funérarium
Gestion des propriétés
    commerciales
Importateur ou exportateur
Maison de courtage
Marchand ou distributeur
    de mazout
Marketing direct

Propriétaire d'un dépanneur
Restaurant-minute
Ventes Internet

Fabrication
Boissons
Meubles de bois
Vêtements

Priseur
Promoteur immobilier
Propriétaire d'habitations
collectives
Service de contrôle des insectes
et animaux nuisibles
Service d'envoi par la poste
Services ambulanciers
Traitement ou
approvisionnement des eaux
Transport ou camionnage

Propriété intellectuelle
Éditeur/livres/revues
Élaboration de logiciels
Entreprise de formation

Denis et Alan présentent des questions faciles et rapides

(adaptées de *Uncovering Business Opportunities de Bill Gibson.*)

Maintenant que vous avez une idée du domaine qui vous permettra de faire des millions, prenez le temps de lire les points suivants :

1. Rédigez une description simple de votre idée d'entreprise. Soyez précis.
2. Combien d'argent cette entreprise devrait-elle générer ?
3. Quel produit ou service offrirez-vous ?
4. À quel genre d'ennui ou occasion répondra-t-elle ?
5. Qui l'achètera ?

Répondez maintenant aux questions suivantes en cochant oui, non ou je ne sais pas.

	Oui	Non	Je ne sais pas

Motifs personnels

1. Cette idée me passionne-t-elle ? ____ ____ ____
2. Suis-je prêt à sacrifier certains aspects de ma vie personnelle pour assurer le succès de cette entreprise ? ____ ____ ____

3. Le travail m'intéressera-t-il dans 10 ans ____ ____ ____
4. L'idée est-elle légale, éthique et conforme à mes valeurs ? ____ ____ ____
5. Cette idée améliorera-t-elle ma réputation ? ____ ____ ____
6. Suis-je intéressé à travailler avec les personnes qui seront intéressées par cette idée ? ____ ____ ____
7. Cette idée répond-elle davantage à mes besoins par opposition aux autres idées ? ____ ____ ____
8. Ai-je assez de temps pour élaborer cette idée ? ____ ____ ____

Motifs de marketing

1. Quelqu'un serait-il intéressé d'acheter ce produit ou service à ce prix ? ____ ____ ____
2. Puis-je trouver assez de clients pour soutenir une entreprise ? ____ ____ ____
3. Cette idée a-t-elle au moins trois avantages concurrentiels ? ____ ____ ____

Motifs de production

1. Puis-je produire assez de ce produit ou service ? ____ ____ ____
2. Puis-je trouver les installations de production nécessaires ? ____ ____ ____
3. Puis-je trouver un montant stable de matériels au bon prix ? ____ ____ ____
4. Puis-je trouver le personnel de production ou l'équipement nécessaire ? ____ ____ ____

Motifs de financement

1. Puis-je obtenir les ressources financières nécessaires pour démarrer l'entreprise ?   _____ _____ _____

2. Puis-je prévoir un flux de trésorerie positif continu ?   _____ _____ _____

3. Les résultats financiers de l'entreprise répondront-ils à mes attentes ?   _____ _____ _____

Analyse des résultats :

Vous devrez rechercher chaque question à laquelle vous avez répondu « Je ne sais pas » et décider si vous y répondez « Oui » ou « Non ».

Si vous avez plus de trois questions auxquelles vous avez répondu « Non », vous devrez penser à :

- faire des changements fondamentaux pour améliorer votre idée et la remettre à l'essai ;
- classer l'idée et passer à l'essai d'une idée différente.

Trois méthodes pour démarrer une entreprise

Il existe trois méthodes pour démarrer une entreprise, notamment : commencer à zéro, acheter une entreprise existante, ou acheter une franchise.

Commencer à zéro

Plusieurs entrepreneurs préfèrent commencer à zéro. Les ressources du ménage - l'espace, l'énergie, le temps et les matériels - peuvent vous aider à établir une entreprise. Cela est très important lorsque le financement de départ est limité. Démarrer une nouvelle entreprise exige plus de temps et d'effort que ne l'exige l'achat d'une entreprise existante. Une nouvelle entreprise mettra du temps à être connue des clients. L'année de démarrage et les premières années d'exploitation peuvent s'avérer des périodes de perte ou de faibles revenus.

Avantages

- Vous décidez quel produit ou service à vendre.
- Vous décidez de la méthode de vente.
- Vous établissez vos propres prix.

- Vous choisissez l'emplacement.
- Vous choisissez le logo, l'emballage, le marchandisage, la publicité et les promotions.
- Vous décidez combien et quand réinvestir dans l'entreprise.

Désavantages

- Période de démarrage prolongée.
- Absence de structure ou de systèmes établis.
- Défi d'attirer les premiers clients.
- Les ventes et les revenus peuvent être irréguliers.
- Il est possible que vous deviez tout faire vous-même en raison de ressources financières limitées.

Acheter une entreprise existante

L'achat d'une entreprise existante permet souvent de réaliser des bénéfices plus rapidement car il existe déjà une clientèle de base. Il vous sera plus facile d'obtenir le financement en raison de l'historique de l'entreprise. Les deux plus grands dangers sont d'acheter une entreprise qui n'est pas en santé et qui ne peut être sauvée par de nouveaux propriétaires ou de nouveaux investissements, ou de payer trop cher pour une entreprise. (Pour une liste de contrôle relative à l'achat d'une entreprise existante, veuillez consulter l'annexe 2.)

Avantages

- Une entreprise existante, dont l'historique est solide, augmente les chances de réussite pour un nouveau propriétaire.
- Le temps, l'énergie et les coûts requis pour planifier une nouvelle entreprise sont beaucoup moindres.
- Le financement est souvent restreint à l'achat et est plus facile à obtenir.
- Une entreprise réussie sera située dans un endroit éprouvé.
- Une entreprise existante aura une clientèle établie.
- Les ventes seront immédiates.
- L'inventaire est déjà en place et les ententes avec les fournisseurs sont établies.
- Le matériel est en place et ses capacités sont connues.
- Le propriétaire et les employés peuvent vous transmettre leur expérience.

Désavantages

- L'emplacement existant n'est peut-être pas approprié.
- Les lieux ne sont peut-être pas conformes aux normes modernes et nécessiteront des améliorations importantes.
- Les pratiques antérieures de l'entreprise ont possiblement endommagé les relations d'affaires.
- Les précédents établis par l'ancien propriétaire seront peut-être difficiles à corriger.
- Certains employés ne seront peut-être pas utiles à l'entreprise tandis que de bons employés quitteront.
- Le type de marchandise qui a été établi ne cadre peut-être pas avec la vision à long terme du nouveau propriétaire.
- L'acheteur hérite toute image négative de l'entreprise auprès du public.
- La clientèle n'est peut-être pas idéale et changer l'image de la société et sa position dans le marché peut s'avérer difficile.
- Le prix d'achat est possiblement surélevé, ce qui crée un fardeau sur les recettes futures.
- Des ententes syndicales peuvent empêcher les modifications nécessaires.

Achat d'une franchise

Une franchise vous permet d'acheter une structure éprouvée et un système de soutien prédéfini. Voilà à la fois le plus grand avantage ou désavantage d'une franchise.

Avantages

- La réputation, le marquage et la crédibilité du réseau de la franchise.
- Le soutien de professionnels, la formation axée sur la gestion et les activités de l'entreprise vous sont offerts.
- L'acquisition d'une entreprise bien planifiée fondée sur un concept éprouvé.
- Le financement et les taux préférentiels.
- Des économies importantes à l'achat d'équipement, de fournitures et de publicité.
- Un territoire protégé.
- La recherche et le développement sont la responsabilité du franchiseur.

Désavantages
- L'autonomie du franchisé est restreinte.
- Les coûts initiaux sont élevés.
- Les bénéfices sont partagés avec le franchisé sous forme de redevances.
- La publicité coopérative fondée sur le pourcentage des ventes est obligatoire.
- La créativité et l'initiative sont limitées.
- Les conséquences émanent de l'incompétence d'autres franchiseurs du réseau.
- La vente de l'entreprise comporte certaines restrictions.
- Certains sont forcés d'acheter des articles du franchiseur à des prix trop élevés.
- Certaines franchises ne protègent pas le territoire.

Il importe davantage de prendre en considération l'aspect de la recherche dans les trois scénarios présentés ci-dessus. Une recherche insuffisante peut vous faire perdre l'entreprise et toutes vos économies. Nous ne pouvons trop faire valoir ce point. Parlez de l'entreprise à plusieurs personnes. À votre avis, la cuisine de votre épouse est peut-être la meilleure de la planète, mais avant d'investir dans un restaurant, invitez des voisins à déguster un repas et demandez-leur de remplir un questionnaire d'évaluation anonyme. Si l'entreprise existe déjà, renseignez-vous auprès des clients et des créditeurs pour connaître l'état de l'entreprise et ce qui cloche. Vous apprendrez, par exemple, que les créditeurs et les fournisseurs n'accorderont pas les mêmes conditions à un nouveau propriétaire. Une telle découverte influera sur vos ressources financières et vos prévisions. Lisez toutes les subtilités d'un contrat de franchise. Les franchiseurs visent à s'enrichir et non à vous enrichir. Cela ne veut pas dire qu'il n'existe pas de possibilités intéressantes, mais que vous devez être prudent.

Examinez tous les aspects de l'idée et jouez à « l'avocat du diable ». Imaginez le pire scénario et comment vous réagiriez. Tentez de découvrir les faiblesses avant d'investir l'argent. Avant d'y apposer votre signature, veillez à ce que le contrat soit vérifié par un avocat et un conseiller en affaires ou un comptable afin de déceler tout souci éventuel. Cette dépense en vaut la peine. Vous n'achèteriez pas une maison sans l'avoir fait vérifiée par un inspecteur des bâtiments. Le même principe s'applique à l'achat ou à la mise sur pied d'une entreprise ou d'une franchise. Appuyez-vous sur des personnes plus chevronnées que vous pour vous aider à « frapper à toutes les portes » pour connaître tous les secrets de l'entreprise.

Comprendre les structures des entreprises

Les nouveaux propriétaires d'entreprises demandent toujours : « Quelle structure est la plus appropriée à mes besoins ? ». Il existe trois principaux types d'entreprises, notamment : l'entreprise individuelle, le partenariat et la société par actions (corporation).

Entreprise individuelle

L'entreprise individuelle est la plus simple et la moins coûteuse, et par conséquent, la forme la plus commune pour les nouvelles entreprises. L'entreprise est exploitée par une seule personne qui en est aussi le propriétaire. La plupart des travailleurs autonomes exploitent une entreprise individuelle. En tant qu'unique propriétaire de l'entreprise, le propriétaire est responsable de tous les contrats de l'entreprise et de toutes les erreurs de ses employés.

Avantages

- La mise sur pied est facile et bon marché.
- Le propriétaire contrôle directement l'exploitation.
- Elle est souple, sans l'imposition de nombreux règlements.
- Les pertes de l'entreprise peuvent être déduites d'autres revenus.
- Le salaire d'un conjoint peut être déduit des revenus de l'entreprise.

Désavantages

- La responsabilité personnelle est illimitée (ce qui veut dire que tous les biens personnels et commerciaux du propriétaire peuvent servir à satisfaire aux obligations de l'entreprise).
- Il n'existe aucune occasion de continuité. L'entreprise individuelle s'éteint lorsque le propriétaire unique cesse d'exploiter l'entreprise ou décède.
- La base de gestion est étroite.
- Le financement est difficile à obtenir.
- Difficulté à vendre l'entreprise.

Partenariat

Un partenariat est aussi facile à mettre sur pied. Deux personnes ou plus peuvent se regrouper pour créer une relation d'affaires liant les parties selon laquelle chacune des parties est responsable des actions des autres partenaires, y compris les actions qui sont retirées sans en aviser le partenaire. Un partenariat doit inscrire son nom en vertu de la loi et dévoiler les renseignements relatifs à chacun des partenaires, afin que le public puisse se renseigner sur les personnes avec qui il fait affaire.

Avantages

- La mise sur pied est plus facile.
- Il est possible d'ajouter des partenaires (ainsi, cette structure est plus souple et risque de continuer plus longtemps que l'entreprise individuelle).
- Il existe peu d'exigences légales formelles.
- Les partenaires partagent habituellement les risques.
- Les partenaires peuvent se soutenir mutuellement et fournir des habiletés différentes.
- Les sources de financement sont plus nombreuses.
- La base de gestion est élargie.

Désavantages

- Les options relatives à la planification successorale et aux impôts sont limitées.
- Les partenaires et tous leurs actifs – personnels et commerciaux – sont à risque en raison de pertes occasionnées par les autres partenaires.
- Les décisions sont plus difficiles à prendre (car chacun des partenaires a droit de participer à part égale au processus de prise de décisions).

La société par actions ou corporation (à responsabilitélimitée)

En émettant des actions et en suivant les procédures d'incorporation du gouvernement, une société par actions est indépendante et peut survivre les membres et les actionnaires. Tous les actionnaires sont copropriétaires, admissibles au vote en raison de leurs actions qui représentent leur part de l'entreprise. Leur obligation légale est limitée au montant d'actions que détient chaque actionnaire. Chaque société établit ses propres règles conformément à la loi relative aux actions et à l'exploitation d'une entreprise.

Avantages

- La responsabilité légale des propriétaires est limitée.
- La société elle-même est reconnue comme une entité légale.
- L'entreprise jouit d'une existence continue.

Désavantages

- La paperasse est plus importante et des rapports réguliers doivent être remis au gouvernement.
- La mise sur pied est dispendieuse par opposition à d'autres structures d'entreprises, entraînant habituellement des honoraires d'avocat et des droits d'incorporation du gouvernement.
- Les finances et les autres affaires commerciales sont moins privées.

Comment créer une équipe consultative puissante et profitable

Il importe de se rappeler que vous devez immédiatement effectuer des tâches multiples dès que vous démarrez une entreprise, que vous le vouliez ou non. En effet, vous devrez effectuer plusieurs tâches jusqu'à ce que vous puissiez vous permettre de payer du personnel, ce qui représente l'une des plus importantes dépenses de l'exploitation d'une entreprise. Vous serez, entre autres, votre propre secrétaire, avocat, comptable, courrier, chercheur, directeur des communications et conseiller, et, à la fin de la journée, vous serez aussi la personne qui vide les poubelles. Très peu de gens sont formés pour effectuer toutes ces tâches, mais votre capacité d'adaptation et votre esprit d'initiative vous surprendront. Une fois que l'entreprise prend de l'essor, vous pourrez embaucher d'autres personnes pour effectuer ces tâches. Le fait que vous ayez un peu d'expérience dans chacun de ces domaines vous aidera à choisir la meilleure personne pour l'emploi, vous permettra de mieux saisir les réalités du poste et empêchera quiconque de profiter de vous. Cela ne veut pas dire que vous travaillez dans le vide. Bien des personnes, si elles sont approchées correctement, seront heureuses de vous porter conseil gratuitement. Bien entendu, le vieil adage, « On en a pour son argent » est vrai, il en reste de trouver les bonnes personnes.

Comment créer une équipe consultative puissante et profitable qui vous aidera à réaliser vos objectifs d'enrichissement ?

Membres de l'équipe éventuels
- Votre banquier
- Votre comptable
- Votre avocat
- Votre mentor
- Votre conseiller financier ou en investissement
- Votre meilleur ami prospère

Les treize questions clés à prendre en considération lorsque vous évaluez la valeur d'un membre éventuel de votre équipe sont les suivantes :

1. Ce conseiller a-t-il plus d'actifs générateurs de revenus que vous ?
2. Sa valeur nette est-elle plus élevée que la vôtre ?
3. Ce conseiller est-il à l'écoute, est-il « branché » sur vos besoins, vos objectifs et vos préoccupations ?
4. Ce conseiller communique-t-il simplement et clairement ?
5. Quelle est son expérience des affaires, scolaire et professionnelle ; c'est-à-dire, quels sont ses titres de compétences ?
6. Ce conseiller vise-t-il constamment à se perfectionner personnellement et professionnellement ?
7. Existe-t-il un registre de ses exploits antérieurs sur lequel fondé la pertinence de ses conseils ?
8. Le conseiller vous fournira-t-il une liste de références ?
9. Quel processus d'enrichissement ce conseiller vous propose-t-il ? Ce processus est-il clair ?
10. Ce conseiller tire-t-il parti d'un réseau de divers services professionnels spécialisés ?
11. Quel rôle jouera ce conseiller dans la mise en œuvre de votre plan d'enrichissement ?
12. Ce conseiller doit-il être payé pour ses conseils ? Si tel est le cas, comment est-il rémunéré (commission, honoraires, pourcentage des actifs ou une combinaison de ces derniers) ?
13. Ces coûts sont-ils justes et concurrentiels ?

Maintenant que vous pensez comme un entrepreneur, voici quelques anecdotes au sujet de sociétés que vous avez probablement déjà remarquées.

Apprendre des erreurs des autres

Lorsque Bernie Marcus et Arthur Blank ont été mis à pied au moment où le magasin à grande surface pour lequel ils travaillaient a inopinément fermé ses portes, ils auraient pu demander l'aide gouvernementale ou simplement chercher un autre emploi dans un grand magasin. Ils ont plutôt décidé d'assembler leur expertise et d'ouvrir un magasin encore meilleur qui répondrait aux besoins des hommes et des femmes habiles et moins habiles. Selon eux, leur ancien employeur les avait payés pour apprendre. Leur travail leur a permis de constater ce qui était rentable et surtout, ce qui n'était pas rentable. Ils ont élaboré un énoncé de mission, un plan d'affaires, ils ont emprunté de l'argent et ont ouvert un magasin.

Le premier magasin était modeste, contigu à un autre grand magasin, et offrait 25 000 produits. Leur vision comprenait des magasins à la grandeur d'un entrepôt remplis d'une panoplie d'articles offerts aux plus bas prix, et plus important encore, ayant des associés qui offraient le meilleur service à la clientèle de toute l'industrie. Ils maintenaient un personnel bien formé et répondaient aux besoins du bricoleur de fin de semaine. Tous les clients, allant de l'amateur au professionnel, se sentaient à l'aise.

Aujourd'hui le Home Depot moyen comprend une surface d'environ 130 000 pieds carrés et offre entre 40 000 et 50 000 produits. Ils sont parmi les plus importants vendeurs de bois au monde. Depuis ses débuts à Atlanta en 1979, le Home Depot a grandit et compte maintenant 1 350 magasins partout en Amérique, au Canada et au Mexique. Leur succès n'est pas uniquement attribuable au fait qu'ils sont plus gros ou qu'ils offrent des produits à meilleur prix que leurs compétiteurs, mais plutôt au fait qu'ils vont au-delà de leur rôle de fournisseur pour devenir une source de savoir pour leurs clients. Effectivement, ils ont fait mouche.

Lorsque vous excellez dans un domaine, dites aux gens que vous êtes le meilleur

Plusieurs années passées, à Londres en Angleterre, nous avons rencontré un bonhomme fort intéressant dont le caractère démontre que quiconque peut atteindre ses buts s'ils jumèlent passion et énergie. Alors que nous animions des séminaires, il jugeait une compétition internationale commanditée par Vidal Sassoon dans la pièce adjacente. David Gan est né d'une famille de huit enfants dans une région rurale pauvre de Malaisie. Un décrocheur à l'âge de 11 ans, il a travaillé pendant deux ans avec sa mère à la récolte du caoutchouc. À 13 ans, il était shampooineur dans l'espoir de devenir un jour coiffeur. Il est déménagé à Singapore et travaillait 12 heures par jour en tant qu'apprenti. En 1979, il avait économisé assez d'argent pour voyager à Londres pour obtenir un certificat de coiffure au salon renommé de Vidal Sassoon.

Trois ans plus tard, il a ouvert le Passion Hair Salon dont le loyer coûtait 2 500 $ par mois. David voulait désespérément se distinguer des autres coiffeurs locaux. À l'époque, tous les salons installaient des affiches de vedettes de Hollywood sur leurs murs. David offrait de couper les cheveux des vedettes locales gratuitement si elles acceptaient qu'un professionnel les photographie, et que David affiche ensuite leur photo sur ses murs. Cette stratégie a été un grand succès, créant une crédibilité instantanée pour le travail de David et attirant une nouvelle clientèle.

Il continue à rehausser son état de vedette et sa touche personnelle en participant à plusieurs émissions de télévision locales et en jouissant d'une importante couverture médiatique. Il est souvent invité à juger des défilés de mode et de coiffure partout en Europe et en Asie. N'oubliez pas, ce jeune homme n'a jamais appris à lire. David gagne des millions de dollars par année à faire ce qu'il aime tout en jouissant d'une vie de vedette.

Si vous aimez vraiment quelque chose, les autres seront peut être tout aussi « emballés »

Ce n'est pas que la chaîne de café Starbucks offre le meilleur café au monde ; leur café est bon, mais leur méthode de commercialisation est tout à fait efficace. En 1971, deux adeptes du café ont ouvert un emplacement dans le marché Pike Place à Seattle. Au moment où la plupart des américains croyaient que le café arrivait déjà moulu dans une boîte à l'épicerie, ils prenaient grand soin d'obtenir d'excellentes fèves de café et se piquaient de préparer le meilleur café possible. Les propriétaires initiaux, deux colocataires qui fréquentaient l'Université de San Francisco, n'étaient pas des entrepreneurs de formation. Jerry Baldwin s'est spécialisé en littérature et Gordon Bowker était rédacteur. Alors qu'ils vivaient à Seattle, ils commandaient les fèves de café de Berkeley ou conduisaient pendant deux ou trois heures jusqu'à Vancouver (Canada), où ils achetaient les fèves torréfiées. Un jour, après avoir fait la route, Gordon a eu l'idée d'ouvrir sa propre boutique à Seattle. Gordon, Jerry et un autre ami ont chacun investi 1 350 $ et ont fait un emprunt additionnel de 5 000 $ à la banque. En avril 1971, le temps n'était pas propice à l'ouverture d'un commerce à Seattle. La région vivait une récession économique et la consommation du café était en déclin. Toutefois, leur passion pour le café était contagieuse. Les trois avaient pour mission de renseigner les consommateurs sur la joie réelle que peuvent procurer des fèves de café de classe mondiale. Ils n'avaient pas pour mission d'établir une société multinationale.

De prime abord, ils ont acheté leurs fèves de fournisseurs à Berkeley mais, alors que l'entreprise prenait de l'essor, ils ont acheté leur propre torréfacteur à café et ont importé leurs propres fèves. Le petit groupe d'employés dans leur premier point de vente pouvait discuter du goût des divers cafés venant de partout au monde et de l'effet de la torréfaction sur les différentes fèves. Personne n'était condescendant avec les clients. Au contraire, ils croyaient que leurs clients étaient intelligents, avertis et qu'ils étaient prêts à apprendre davantage au sujet du café. Dix ans plus tard, leur réputation a retenu l'attention de l'homme d'affaires Howard Schultz, qui est devenu partisan comme tous les autres clients. Lorsqu'il s'est joint à la société en 1982, il a commencé à commercialiser la marque de café Starbucks dans les restaurants haute gamme et les cafés de Seattle. À la suite d'un voyage en Italie, il a noté l'importance accrue de la culture des cafés et a décidé qu'ils devraient initier le même concept à Seattle. Ce fut réussi, et la renommée des fèves et du café de qualité a fait son chemin. Ils ont ouvert d'autres points de vente dans des villes en Amérique et au Canada. Simultanément, ils ont commencé à offrir leur produit partout en Amérique par le biais de commandes faites par l'entremise de la poste. Quatorze ans plus tard, la société compte 4 700 cafés Starbucks partout au monde. Pas si mal pour de l'eau aromatisée.

Puis-je en avoir un autre ?

Dès 12 ans, Debbie Sivyer aimait cuisiner des biscuits. En 1975, au moment où elle célébrait ses 18 ans, elle avait perfectionné sa recette de biscuits aux copeaux de chocolat. Deux ans plus tard, elle mariait Randy Fields, un conseiller financier et lui préparait souvent un de ses meilleurs lots à apporter au travail. Le pauvre n'avait pas souvent l'occasion d'y goûter car ses clients et ses collègues les gobaient rapidement en le suppliant d'en apporter d'autres. En 1977, un autre disciple, notamment un banquier, leur prêta 50 000 $ pour financer le premier magasin de détail du nom de Mrs. Fields. Après avoir repayé le prêt et rehaussé leur capital, ils ont ouvert un deuxième magasin à San Francisco deux ans plus tard. Son entreprise d'une valeur de 450 millions de dollars compte maintenant 600 magasins partout au monde et est inscrite à la Bourse de Londres. De plus, elle ne fait aucune publicité. Son succès repose sur le bouche à oreille. Pensez à cela la prochaine fois que vous cuirez ou mangerez un biscuit. Mais n'arrêtez pas là.

Mme Fields a bien appris sa leçon, qui s'applique d'ailleurs à pratiquement toutes les entreprises. Sa recette du succès s'appuie sur la stratégie PPP, c'est-à-dire, Passion, Perfection et Persévérance. Elle énonce : « La passion réelle de l'entreprise est l'ingrédient le plus important pour tout entrepreneur ». Dans son cas, c'était la passion de cuisiner les meilleurs biscuits aux copeaux de chocolat possible. Cependant, un excellent produit ne suffit pas. C'est la passion pour le produit qui vous permettra de surmonter les moments difficiles où l'on vous refusera un prêt ou toute autre réponse négative que vous entendrez certainement alors que vous bâtissez une entreprise. La passion est l'élément qui vous pousse à continuer, refusant d'accepter un « Non », jusqu'à ce que vous trouviez une personne qui reconnaisse le génie de votre idée.

Mme Fields a choisi une approche à long terme dès le début de son entreprise. Plutôt que d'arrondir les coins et de jouir d'un bénéfice rapide, elle croyait qu'il était mieux de *perfectionner* ses biscuits et son approche auprès des clients. À son avis, en plaçant la barre au plus haut niveau, s'il lui arrivait de rater son objectif, le résultat serait toujours plus élevé que celui de ses compétiteurs.

La persévérance est le troisième ingrédient. Mme Fields se rappelle les premiers temps où les ventes au détail étaient faibles. Elle n'est pas restée dans son magasin à attendre les clients. Dans les moments creux, elle marchait la rue devant sa boutique et offrait des échantillons gratuits aux personnes qui passaient. Toute nouvelle entreprise connaîtra des périodes creuses et des déceptions, mais si votre idée est bonne et que votre famille ainsi que d'autres personnes vous appuient, les meilleurs jours viendront. Six cents magasins, 450 millions de dollars, aucun investissement, faites le calcul !

Pensez-y : une bonne tasse de café, un biscuit aux copeaux de chocolat, un sac pour jeux électroniques. Aucune de ces idées n'est une cure pour le cancer, ni une voiture qui roule pendant 200 milles sur un seul gallon d'essence. Ce sont des articles communs de tous les jours.

Nous croyons que chacun a un talent, une habileté ou une idée qu'il pourrait utiliser pour devenir riche. Nous avons choisi tous les exemples dans ce livre particulièrement parce qu'ils visent des personnes « moyennes » par opposition aux diplômés de Harvard spécialisés en affaires ou aux scientifiques capables de développer la prochaine génération de micropuces. Des études avancées peuvent ouvrir bien des portes mais ne sont pas un prérequis pour atteindre le succès sur le plan financier. Vous avez déjà ce dont il vous faut, il ne vous reste qu'à le reconnaître. Une fois que vous avez l'idée et que vous l'avez mise à l'essai, si vous avez la passion et la persévérance, vous attirerez des personnes de la même trempe. Votre génie est peut être la capacité de reconnaître le génie des autres. Gardez l'œil ouvert, prenez le temps d'écouter et vous n'aurez qu'à encourager cette personne et à investir en elle.

Nous espérons que les exemples présentés dans ce livre vous ont inspiré. Si vous avez une idée mais ne savez pas si vous devez prendre la chance de démarrer votre propre entreprise, relisez la section A du livre. Votre attitude est peut-être la seule chose qui vous retient. Si vous avez besoin de plus de renseignements dans un domaine précis, faites la recherche. Commencez avec les livres et les adresses Internet mentionnés dans le présent livre. Parlez avec des personnes, plusieurs personnes ; présentez-leur votre idée. La vie consiste à prendre des risques. La vie sans risques est ennuyeuse. Veuillez ne pas passer votre retraite à vivre sous le seuil de la pauvreté en regrettant de ne pas avoir pris le risque.

> Ce ne sont pas les impossibilités qui nous font désespérer, mais bien les possibilités que nous n'avons pas réalisées. [Traduction]
>
> – Robert Mallet

Si vous avez besoin d'aide avec une idée, nous offrons des conseils gratuitement à un certain nombre de personnes. Vous pouvez communiquer avec nous par le biais de notre site Web à www.abcsofmakingmoney.com. Vous y découvrirez aussi d'autres renseignements utiles, des appuis, des guides de visualisation et des liens ainsi que l'information relative à nos conférences et à nos services d'experts-conseils. Les livres qui suivront raconteront d'autres anecdotes de personnes qui ont échangé leur vie « ordinaire » pour une fortune extraordinaire. Nous anticipons recevoir de vos nouvelles sous peu et entendre VOTRE histoire ainsi que de jouir de votre compagnie à l'occasion d'une de nos journées de réflexion pour les brasseurs d'affaires. Bonne chance !

ANNEXE 1
Liste de lectures recommandées[1]

Think & Grow Rich par Napoleon Hill
The Lazy Man's Way to Riches par Richard G. Nixon
Wealth Without Risk par Charles J. Givens
The 9 steps to Financial Freedom par Suze Orman
The Millionaire Next Door par Thomas J. Stanley
7 Habits of Highly Effective People par Stephen R. Covey
Rich Dad, Poor Dad par Robert T. Kiyosaki
As A Man Thinketh par James Allen
Beating the Street par Peter Lynch
Incorporate and Grow Rich par C. W. Allen
Trump: The Art of the Deal par Donald Trump
The Complete Guide to Finding and Keeping Great Staff par
Denis L. Cauvier
Unlimited Power par Anthony Robbins
Unlimited Wealth par Paul Zane Pilzer
Getting Rich In America par Brian Tracy
The Money Advisor par Bruce Cohen
Common Sense par Art Williams
Rich on Any Income par James P. Christensen
The Wealthy Barber par David Chilton
Stress for Success par le docteur Peter G. Hanson
Dig Your Well Before You are Thirsty par Harvey Mackay
Marketing Your Services par Rick Crandall
Guerrilla Selling par Jay Conrad Levinson
The World's Greatest Salesman par Og Mandino

---

[1] Nous vous suggérons la lecture de ces livres dans laquelle les conseils
relatifs aux investissements sont peut-être à durée de vie critique.
Comme toujours, nous vous recommandons d'obtenir vos propres
conseils professionnels, juridiques et financiers en matière
d'investissement.

Annexe 2

Questions d'analyse clés lors de l'achat d'une entreprise existante

La liste de contrôle suivante relative à l'analyse d'une entreprise comprend plusieurs questions importantes auxquelles vous devriez répondre si vous prévoyez acheter une entreprise existante.

Ventes   Oui   Non

La vente du produit se maintiendra-t-elle
ou sera-t-elle améliorée ? _____ _____

Le produit risque-t-il de passer de mode
ou de devenir désuet ? _____ _____

Les prix sont-ils concurrentiels ? _____ _____

Les compétiteurs se renforcent-ils ? _____ _____

Les ventes sont-elles documentées de manière fiable ? _____ _____

Le total des ventes est-il classé selon le secteur
d'activité ? _____ _____

Les créances irrécouvrables sont-elles déduites
des ventes, ou sont-elles identifiées comme
comptes clients ? _____ _____

Connaissez-vous la tendance des ventes sur une base
annuelle et sur une base mensuelle ? _____ _____

La tendance des ventes est-elle saisonnière ou liée à
un certain cycle d'affaires ? _____ _____

Certaines ventes sont-elles actuellement en
consignation avec le droit de retour et
de remboursement complet ? _____ _____

Certains produits sont-ils sous garantie ? _____ _____

Certaines fluctuations des ventes sont-elles attribuables
à une heureuse et unique situation ? _____ _____

Un vendeur est-il particulièrement essentiel
à la réussite ? _____ _____

Le rôle personnel du vendeur est-il important ? _____ _____

Êtes-vous certain que toutes les ventes proviennent
de l'entreprise en question et que le vendeur
n'a pas ajouté des ventes d'une autre entreprise ? _____ _____

Quelle protection avez-vous par rapport
à la concurrence du vendeur ? _____ _____

Pourrez-vous continuer à acheter le produit ?   ____ ____

Pouvez-vous obtenir les permis nécessaires
pour vendre et/ou protéger tout droit d'exclusivité ? ____ ____

Pouvez-vous augmenter les ventes avec les ressources
actuelles ?   ____ ____

Coûts   Oui   Non

Toutes les dépenses sont-elles indiquées ?   ____ ____

Est-il possible que le vendeur ait payé des dépenses
par le biais d'une autre entreprise ?   ____ ____

Le vendeur a-t-il évité des dépenses qui pouvaient
être retardées, comme l'entretien du matériel ? ____ ____

Certaines dépenses annuelles sont-elles bientôt
exigibles ?   ____ ____

Devez-vous anticiper de nouvelles dépenses ou
des dépensesplus élevées ?   ____ ____

Le propriétaire est-il justement rémunéré pour
son travail ?   ____ ____

Une dépréciation fonctionnelle est-elle calculée
pour les appareils, et si oui, est-elle raisonnable ? ____ ____

Le personnel est-il bien rémunéré, ou s'attend-il
à une augmentation sous peu ?   ____ ____

Le contrat de location comprend-il une clause
d'indexationqui prévoit l'augmentation
des impôts fonciers, du chauffage, etc. ?   ____ ____

Savez-vous quel serait l'effet de la croissance ou
de la décroissance des ventes sur vos coûts
(et par conséquent, vos bénéfices) ?   ____ ____

Connaissez-vous les dépenses des entreprises
semblables dansla même industrie ?   ____ ____

Comment vos coûts seraient-ils touchés
par la modification de la gamme de produits ? ____ ____

Certaines dépenses sont-elles prépayées par
le vendeur ?   ____ ____

L'inventaire est-il exact par rapport à la valeur
actuelle réelle ?   ____ ____

Bénéfices   Oui   Non

Avez-vous examiné l'effet de la croissance ou de la
décroissance des ventes sur les bénéfices ?   ____ ____

Les bénéfices justifient-ils le risque ?   ____ ____

Avez-vous pris en considération l'effet de l'inflation sur les ventes ou les coûts dans les prochaines années ? _____ _____

Actifs	Oui	Non

Savez-vous exactement ce que vous achetez et ce
que vous n'achetez pas ? _____ _____

Avez-vous une liste des actifs et l'avez-vous
vérifiée ? _____ _____

Si l'inventaire ou le travail en cours doit faire
partie de la vente, vous êtes vous entendu
sur leur valeur au moment de l'offre ? _____ _____

Vous êtes vous entendu sur la façon dont
ces valeurs seront adaptées lors de
la conclusion de la vente ? _____ _____

L'inventaire a-t-il été vendu mais non livré ? _____ _____

Avez-vous identifié les intangibles qui vous
intéressent - les listes de distribution,
les droits relatifs au nom, etc. ? _____ _____

Ces intangibles peuvent-ils être cédés ? _____ _____

Connaissez-vous le processus de cession ? _____ _____

Achetez-vous les comptes débiteurs ? _____ _____

Savez-vous depuis quand ils existent et
leurs antécédents ? _____ _____

Pourriez-vous les vendre à une tierce partie ? _____ _____

Le matériel est-il en bon état et efficace ? _____ _____

Le matériel risque-t-il de devenir désuet ou
difficile à réparer? _____ _____

Peut-il être vendu facilement ? _____ _____

Le matériel est-il loué, connaissez-vous
les conditions et le coût
du contrat de location ? _____ _____

Responsabilités	Oui	Non

Les actifs que vous achetez sont-ils libres de dettes
ou de liens ? _____ _____

Si vous assumez des dettes, connaissez-vous
les modalités de remboursement ? _____ _____

Ces actifs sont-ils garantis ; sont-ils transférables ? _____ _____

Risquez-vous d'assumer les responsabilités découlant
des actions de l'ancien propriétaire ? _____ _____

L'ancien propriétaire a-t-il reçu des versements
   ou des acomptes qu'il devrait vous remettre ?   ____ ____

Avez-vous vérifié la cote de crédit de l'entreprise
   auprès des fournisseurs et des banques ?   ____ ____

Le flux de trésorerie sera-t-il suffisant pour
   payer les coûts d'exploitation et les dettes ?   ____ ____

Adapté du document *Démarrer une entreprise, étape par étape*, de la Banque de développement du Canada

Index

Veuillez visiter notre site Web, à www.abcsofmakingmoney.com, pour découvrir :

- Comment vous pouvez être admissible à une consultation gratuite relative à votre nouvelle idée d'entrepreneur.
- Des formulaires, des articles, des conseils, des outils et des grilles de saisie gratuits.
- Comment profiter de nos services professionnels en matière de conférences ou de formation.
- Comment notre programme d'entraînement VIP peut vous aider à atteindre vos objectifs d'enrichissement.
- La foire aux questions (FAQ).
- Comment votre histoire de réussite peut être mise en lumière dans notre prochain livre.

Nous vous remercions de votre intérêt.

Dr Denis L. Cauvier
Alan Lysaght

COMMANDES

Pour commander d'autres exemplaires du présent livre, veuillez visiter :

www.abcsofmakingmoney.com

et cliquez sur l'icône.